Stefano Delli Poggi

Metodologia della ricerca sociale

Lezioni di metodologia della ricerca applicata alle professioni sociali

Autori Associati

Metodologia della ricerca sociale.
Lezioni di metodologia della ricerca applicata alle professioni sociali

© 2020 Autori Associati – Roma
ISBN: 9798551904601
info@cddassociati.it
Exclusive Amazon Print – Independently published

Ogni ricerca è un lungo sentiero con molti bivi e diramazioni, e a ogni bivio deve essere presa una decisione [...]. Nessuna regola, nessun algoritmo può dire qual è la decisione giusta.

J. Kriz, 1988 (in Cardano, 2003)

Indice

Prefazione

Questo testo è il terzo tra le *Lezioni* e ne conclude il primo ciclo. Come gli altri due[1], è stato ideato e progettato nell'ambito della didattica per coloro che hanno intrapreso il percorso di formazione per le professioni sociali, e anche per coloro che già le praticano e vogliono aggiornare o riorientare le proprie competenze.

Pur utile anche per i futuri sociologi (L40), è rivolto in prima istanza a coloro che devono applicare metodi e tecniche di ricerca nel campo tendenzialmente più ristretto dei luoghi di lavoro quali le scuole, le associazioni e ovunque esercitino le professioni in ambito sociale. È quindi un lavoro per certi aspetti reso più snello e pratico; un lavoro elementare, una base di partenza per iniziare a ragionare sui metodi, sulle tecniche e in genere sulla metodologia delle scienze sociali. Un lavoro che tuttavia non perde la rigorosità della scienza e il suo obiettivo sostanziale, pur avendo in sé anche l'obiettivo formale di essere adeguato, concreto e agevole.

È un lavoro che traccia una prima linea di percorso con la quale si intendono presentare alcune delle tante tecniche che possono essere poste in campo. Altresì, queste tecniche, con i loro strumenti, sono offerte come suggestioni che devono essere approfondite in tanto e in quanto colgano l'interesse del professionista o dello studente, in modo che poi possa applicarle nel mondo reale.

---

[1] *Nuove lezioni di sociologia elementare* (2019) e *Culture, Comunicazione e Diversità* (2020).

L'aspetto teorico è quindi parzialmente ridotto a favore di quello pratico, la scrittura è piana e diretta, per fornire strumenti che raggiungano o tentino di raggiungere i nodi delle questioni di metodo.

Strumenti più snelli, tuttavia, non sta a significare più facili, ma più idonei per penetrare direttamente e studiare con i dati raccolti la realtà dei casi su cui lavorare.

Oltre ai due testi teorici sulla sociologia e sui processi culturali che lo hanno preceduto, questo che segue vuole dunque dare il suo contributo per insegnare una strada, una rotta da seguire perché l'essenza della ricerca *è quella di raccogliere dati affinché le affermazioni fatte da chiunque siano affermazioni scientifiche*, vale a dire affermazioni sul mondo che sono fatte con cognizione di causa e non come opinioni comuni e volgari; affermazioni applicabili con risultati validi.

Queste affermazioni potranno descrivere il fenomeno o il caso, potranno spiegarlo oppure entrambe le cose; potranno essere alimentate dalla teoria oppure accrescerla; potranno verificare o falsificare le ipotesi, oppure esserne prive e sorgere dai dati stessi. In ogni caso queste affermazioni rappresentano, sono e restano il modo di fare scienza.

Queste due azioni del ricercatore, la *descrizione* e la *spiegazione*, non sono né diversamente importanti nella ricerca, né nettamente distinte perché l'una compendia l'altra, cioè è sempre presente nel procedere della ricerca. Si può dire che la descrizione punta su *cosa* è il fenomeno e che la spiegazione punta su *come* questo cosa agisce, evolve e si produce e riproduce.

A questo punto, a queste due azioni se ne aggiunge una terza pressoché consequenziale: la *predizione* del fenomeno.

Questo vale per tutte le scienze, con il sostanziale e diverso peso sulla ripetibilità data da leggi ineccepibili, oppure leggi probabilistiche o uniformità tendenziali.

La sociologia di fatto si occupa dell'agire sociale degli individui che vivono associati e producono tutti i fenomeni non naturali della realtà.

Si tratta in breve di comportamenti che seppure sono o possono essere imprevedibili, nella realtà quotidiana seguono regole di uniformità, anche se non si possono vantare leggi ineccepibili forti e invariabili. Nessuna legge ineccepibile tranne forse una che riguarda il tempo di vita dell'individuo, ma che non è oggetto di questo lavoro.

Detto altrimenti, sappiamo con certezza che sempre, *in un dato universo e condizioni*, applicando una forza (F) a un grave (G) è possibile mantenerlo sospeso nel vuoto. Ma se si annulla la forza, è certo che sempre quel grave cadrà al suolo perché sottoposto alla forza di gravità.

Differentemente, non sappiamo con certezza se in un insieme di individui (p.es. una classe di scuola primaria) le relazioni, le personalità individuali, le condizioni (e altro), lo faranno costituire come gruppo coeso oppure come insieme di gruppi concorrenti e/o competitivi e opposti, oppure se resterà un insieme di monadi. Non sappiamo se in un gruppo si costituirà la figura del *leader*, oppure anche quella dell'anti-*leader* oltre a quella del gregario. Non sappiamo se quel gruppo, seppure stimolato, sarà in grado di raggiungere un obiettivo.

Questo perché, come diremo più volte, per quanto ovvio e persino banale, la sociologia, la psicologia, la pedagogia e comunque le altre scienze sociali, non hanno a che fare con il minerale di ferro stimolato per esempio a pressione e temperatura, ma hanno a che fare con il cervello umano, cosa che rende veramente molto più difficile, anche se non impossibile, giungere a previsioni sufficientemente valide.

E nemmeno le procedure di ricerca e quelle applicative sono univoche e puntuali come potrebbero essere quelle della chimica per la produzione di nitroglicerina.

Dunque esiste anche nelle scienze sociali una possibilità di previsione. Se non ci fosse questa possibilità il mondo reale sarebbe caotico, disordinato, senza regole o norme di qualsiasi tipo, né l'Educazione e tutte le scienze della Formazione avrebbero speranza alcuna di produrre comportamenti che rispondano con buona approssimazione ai ruoli sociali, con aspettative e altresì consapevoli della possibilità di devianza.

Ci occuperemo, quindi, della teoria e della prassi nella metodologia delle scienze sociali, e dunque del *metodo di fare ricerca*.

Metodo: dalla radice greca di "μετα- [meta] che include qui l'idea del perseguire, del tener dietro, e ὁδός «via», quindi, letteralmente «l'andar dietro; via per giungere a un determinato luogo o scopo»".

Così il termine μέϑοδος, che ha il corrispondente latino nella traslitterazione *methŏdus*, indica proprio l'azione di fare "«ricerca, indagine, investigazione», e anche «il modo della ricerca»" (VIT).

Per conseguenza, metodologia significa esattamente questo: discorso (scientifico, nel nostro caso) intorno al metodo di ricerca delle scienze sociali[2].

---

[2] In questa fase preliminare non faremo distinzioni e useremo i termini "metodo" e "metodologia" nelle accezioni appena date. Successivamente, per i nostri fini esclusivi, pur mantenendo il senso originale, daremo una nuova accezione considerando nella prassi la metodologia come l'insieme dei metodi, delle tecniche e degli strumenti della ricerca sociale.

1. Un approccio al concetto di scienza

Non esiste una professione, un'arte, un mestiere qualsiasi che non abbia dietro di sé almeno una scienza, e quasi sempre più di una. Pur con una forte semplificazione, l'ingegnere, il medico, così come pure l'assistente sociale e l'educatore hanno nelle loro professioni le conoscenze di svariate scienze. Anzi, si può dire che non esiste nemmeno un lavoro che non l'abbia: il pilota d'aereo e il muratore, il telefonista e l'informatico, e così di seguito.

Può apparire banale, ma è una riflessione che merita di essere fatta. Infatti, non esiste la scienza ingegneristica, ma esistono la fisica con la chimica, quindi la tecnologia dei materiali, la matematica, la giurisprudenza e altro che, tutte insieme, formano l'ingegnere nelle sue molteplici specializzazioni. Lo stesso per il medico, anch'esso nella congerie dei suoi rami specialistici, così l'assistente sociale e l'educatore che concentrano nelle loro professioni alcune delle più diverse scienze.

1.1 Scire, conoscenza, scienza. Un discorso introduttivo

La conoscenza, quindi, è il concetto di base per tutti.

I greci la chiamavano ἐπιστήμη (épistème), che in origine significava tutti i tipi di conoscenza che permettesse di svolgere qualsiasi attività.

Successivamente fu sancita con gli aspetti propri del rigore teorico, soprattutto in contrapposizione alla δόξα (doxa – opinione) e alla ἐμπειρία (empirìa – esperienza), cioè la capacità di saper fare.

Scire, sapere, era il verbo dei latini. E ancora, come vedremo più avanti, τέχνη (techne – arte) o *ars-artis* per definire la "capacità di agire e di produrre, basata su un particolare complesso di regole e di esperienze conoscitive e tecniche, e quindi anche l'insieme delle regole e dei procedimenti per svolgere un'attività umana in vista di determinati risultati", cioè, appunto, *techne*, la tecnica e le tecniche in ogni loro applicazione (VIT).

Quando il medico compie una diagnosi, si basa su dati che gli arrivano sia dalla conoscenza teorica, dalle risultanze delle analisi cliniche e dall'ascolto del suo paziente. E deve essere sottolineato che col termine *ascolto* si intende, non a caso, sia quello fisico della visita e sia quello verbale dei sintomi patiti.

Allo stesso modo fa il sociologo, quando si pone come ricercatore o consulente, o come fa lo stesso assistente sociale. Esprimere un parere sulla potestà di un minore, per esempio, è cosa che impegna la responsabilità del professionista ad altissimo livello, e implica studio, raccolta di dati e informazioni; implica rigore teorico, quindi un'attività professionale su basi scientifiche. Basi scientifiche che, tuttavia, sprofonderebbero nelle voragini della terra se non fossero costituite sulla roccia dell'etica professionale, sulla morale forte, sulla coscienza, sul rispetto dei propri e degli altrui valori, sulla dignità di quella persona, di quel professionista del sociale. Tutt'altro che un principio di buonismo, si tratta di formare e disciplinare sé stessi entro l'adamantina corazza della responsabilità.

Si può pensare di analizzare il comportamento di un minore senza conoscerne il «processo di socializzazione» che ha avuto? Oppure lo *status* della famiglia? O ancora l'appartenenza a un altro «gruppo secondario» come il «gruppo dei pari», o a quali «istituzioni» è legato?

E questo è solo uno dei molti esempi possibili, vale a dire dei casi reali che quotidianamente si incontrano sul campo.

La sociologia, nel nostro caso, come pure le altre scienze individuali e sociali, non hanno di che patire rispetto alle altre scienze, e quindi superano quello che Franco Ferrarotti ha definito nel suo manuale "il complesso di inferiorità del sociologo" opponendosi, tra l'altro, all'idea che la sociologia in particolare, e le scienze sociali in generale, siano ritenute pseudoscienze (Ferrarotti, 1986: 5-7)[3].

Certo ci sono i metodi e le tecniche specifiche della professione che risponderanno ai quesiti altrettanto specifici e daranno le indicazioni sul *modus operandi*, ma la sostanza e le forme di base sono quelle della scienza e del processo scientifico della ricerca: nessuna affermazione può essere fatta, per lo scienziato come per il professionista, se non si ottengono dati e si compiono analisi accurate, mescolate saggiamente con la conoscenza teorica.

Teoria e prassi, fantino e cavallo: difficile stabilire la priorità o la prevalenza quando sono necessari entrambi.

Altrettanto certamente questo non significa che non esistono differenze tra le cosiddette scienze esatte o scienze dure (*hard*) e le scienze sociali e psicologiche, o cosiddette scienze morbide (*soft*), intendendo che le prime siano ingenuamente ritenute scienze vere e le seconde scienze false o pseudoscienze.

Le differenze esistono e questo è incontestabile.

---

[3] Franco Ferrarotti dev'essere considerato a buon diritto uno dei Padri, il maggiore, della rinascita della sociologia in Italia dopo il periodo fascista in cui questa scienza era finita nell'oblio. Nel 1949, giovanissimo, intreccia la sua famosa polemica pubblica con Benedetto Croce che (non estraneo alle polemiche con le scienze) dalle pagine de «Il Corriere della sera», si era accanito per la stroncatura della traduzione di Ferrarotti del saggio di Thorstein Veblen, *La teoria della classe agiata* (1899). Per un approfondimento vedi R. Cipriani, *Il ritorno della sociologia in Italia. Intervista a Franco Ferrarotti*, in «La critica sociologia», XLIX, 2/2015, Serra, Pisa-Roma.

Ma non si tratta di una distinzione tra vero e falso, e non si tratta nemmeno di una differenza riguardo all'oggetto di studio e ricerca, anche se è ovvio che lavorare e studiare un minerale di ferro è molto diverso che studiare un individuo o un gruppo umano.

Senza entrare in un più ampio discorso metodologico o epistemologico, la differenza può essere data *dalla diversa facilità di misurare, riprodurre e dunque prevedere un evento,* sia esso fisico-chimico oppure psicosociale.

Altresì, non possiamo nemmeno entrare nell'ampio dibattito su ciò che può essere definita la misurazione, perché anche la fisica e la chimica, in alcuni casi, devono poi accettare le convenzioni umane, e questo accade molto più spesso di quanto si immagini.

Infatti, per esempio, la misura di una temperatura con un qualsiasi strumento non è la temperatura del fenomeno che si ha davanti. Per dirla più semplicemente, l'acqua passa dal suo stato liquido al suo stato gassoso o solido, quando si producono le *n*-esime condizioni (anche diverse da un luogo all'altro) che non hanno nulla a che fare con i teorici 100° o 0° che il termometro centigrado segna e che rappresentano, appunto, *una convenzione* data dal fatto che un altro elemento chimico – in questo caso il mercurio, *Hg* – ha particolari proprietà di espansione e di riduzione che sono proprio *prese a misura di paragone* del comportamento dell'acqua come di altri corpi, ambienti o sistemi.

La matematica stessa appare tetragono e sempre una strada per una e una sola soluzione. Bertrand Russell scriveva invece che la "matematica può essere definita come la materia nella quale non sappiamo mai di cosa stiamo parlando, né se ciò che stiamo dicendo è vero" (Russell, 1903: 72).

Russell: un matematico o un filosofo?

Può essere fatta e sostenuta una separazione così ingenua?

Bisogna usare dunque qualche cautela, e ancora di più questa occorre per le scienze sociali, quando si viene a contatto con concetti o fenomeni che sono dati come evidenti e assoluti, senza ulteriore spiegazione o condizione, mentre per lo più si tratta di concetti e fenomeni relativi. È fin dal 1905 che il «principio di relatività» è accettato nella fisica, e le scienze dell'uomo non possono proprio farne a meno[4].

La misurazione, tuttavia, per quanto convenzionale, comporta una migliore o peggiore approssimazione. Ma questo, in definitiva – ed è da qui l'esito di quella che riteniamo la fondamentale differenza – permette quel particolare momento di rilevantissima importanza nelle scienze che è la prevedibilità di un fenomeno.

La scienza balistica può misurare molto bene dove cadrà un proiettile di un dato calibro in date condizioni, ma se cambiano le condizioni improvvisamente quel colpo fallisce. La scienza economica fallisce quasi sempre le previsioni sul PIL e deve aggiustarle quando il fenomeno è ormai accaduto ed è misurato *ex post*.

Una febbre altissima è "misura" di un'infezione in un corpo, ed è prevedibile un danno permanente o totale a quel corpo se l'infezione non è debellata.

È talmente ovvio che la conoscenza e la scienza accompagnano in ogni istante quotidiano l'individuo che egli neppure gli presta attenzione a motivo dell'abitudine che lo conduce a compiere atti che fanno appello a una razionalità di fatto inconscia.

In questo senso e con molte cautele, si potrebbero pertanto dividere le scienze in *facili* e *difficili*.

Facili sono tutte le scienze quando possono misurare (seppur convenzionalmente) e perciò riprodurre e quindi prevedere un qualsiasi fenomeno: per esempio la fisica quando deve determinare la traiettoria di

---

[4] Più complicato di come lo presentiamo qui, ci riferiamo al cambiamento prodotto da Albert Einstein con il «Principio della relatività ristretta».

un razzo. Difficili sono, invece, tutte le scienze che non possono misurare in modo tale da riprodurre e quindi prevedere un fenomeno con un errore di approssimazione sempre più piccolo[5]. L'esempio, qui, è ancora la fisica quando non può prevedere con certezza, né determinare ogni conseguenza del fatto se, quando e come un'autovettura, perdendo aderenza e controllo, uscirà di strada.

Altresì, quanto è determinabile con precisione che un gruppo di minori di una classe scolastica mantenga i propri ruoli sociali agendo e reagendo a determinate condizioni date?

E se pure quelle condizioni fossero ripetute e sembrassero le stesse all'occhio dell'osservatore inesperto, è possibile che si verifichino reazioni impreviste e imprevedibili, quindi fuori dalle aspettative di ruolo?

Discorso che riprenderemo più avanti, qui serve solo per comprendere che i problemi delle scienze sociali e psicologiche sono spesso ben più difficili da risolvere, anche se forse un tempo a venire si avranno gli strumenti che permetteranno questo tipo di misurazioni. D'altra parte, era ancora nel dicembre del 1903 che la maggior parte delle persone, tutt'altro che ingenue, ancora sorridevano al pensiero che una macchina a motore del tutto più pesante dell'aria in ogni sua parte potesse volare fino a dominare i cieli[6].

In questo lungo cammino, iniziato non molto tempo fa per la scienza in senso moderno, dobbiamo però sancire che quella differenza esiste e

---

[5] Si pensi anche al «Principio di indeterminazione» di Werner Karl Heisenberg (1927) riguardo all'impossibilità di misurare perfettamente un sistema. Questo principio è ancora valido anche se nel 2017 un gruppo di ricercatori del Barcelona Institute of Photonic Sciences (Icfo), ha studiato un modo per ridurre, ma non annullare, tale indeterminazione.

[6] La mongolfiera (1783) avendo all'interno aria calda rispondeva più immediatamente alla conoscenza logica umana di "qualcosa" di più leggero tendente a salire rispetto alla forza della portanza alare e della potenza del motore che la ottiene per reazione dell'aria alla sua stessa spinta.

oggi, rispetto alla prevedibilità dei fenomeni, si può semplicemente assegnare una maggiore frequenza ad alcune di quelle che chiamiamo «leggi ineccepibili» che sono ancora l'ampio dominio della chimica e della fisica, e che consentono di prevedere con maggiore puntualità.

Nel campo delle «leggi probabilistiche» – cioè degli eventi misurabili con tassi di probabilità matematica – fanno in parte ingresso anche la sociografia, la medicina, la statistica in generale e tutte quelle che possono fornire un valore calcolabile, di là dalla loro approssimazione all'errore zero (che significherebbe invece avere la certezza della legge ineccepibile).

Infine bisogna allargare il campo alle «uniformità tendenziali» per far entrare liberamente nella prevedibilità tutte le scienze sociali e individuali.

Per offrire un esempio, anche se ormai vecchio, proponiamo un dato dell'ISTAT riferito alla durata dei matrimoni in Italia e al passaggio alla condizione di separazione o divorzio:

"La propensione a separarsi è più bassa e stabile nel tempo nei matrimoni celebrati con il rito religioso. A distanza di 10 anni dalle nozze, i matrimoni sopravviventi sono, rispettivamente, 911 e 914 su 1.000 per le coorti [casi individuali di eventi – N.d.R.] di matrimonio del 1995 e del 2005. I matrimoni civili sopravviventi scendono a 861 per la coorte del 1995 e a 841 per quella del 2005" (ISTAT, 2016).

Per il sociologo questa è una tendenza. Vale a dire che non è sufficiente assumere la variabile "matrimonio con rito religioso" (e quindi ricercare e isolare le dimensioni che possono esserne implicate) per prevedere che *uno specifico caso* di matrimonio possa durare più a lungo o addirittura per sempre. Questa, dunque, non è una variabile indipendente da cui far dipendere il matrimonio. Eventualmente, però, può essere considerata come una variabile interveniente che, statisticamente, potrebbe sostenere l'unione familiare nella massa dei matrimoni.

Detto questo, appare evidente che la vita reale degli individui è cosa molto diversa, e se anche una legge probabilistica ci dicesse che il 99,99% dei matrimoni con rito religioso risultassero durare nel tempo, un solo caso, un caso particolare e reale, non potrebbe mai averne la certezza assoluta.

La vita degli individui muta nel momento stesso in cui essi la vivono, così, ad oggi, diventa veramente difficile prevederne le azioni.

Risolto quindi il problema primario della *quantità* offerta dai numeri, sembra perciò rendersi necessario penetrare anche nella secondarietà dell'analisi, cioè nella profondità della *qualità* particolare del caso che si rileva potenzialmente anomalo, cioè fuori dalla *media normale* dei casi che sono esaminati.

2. Il circolo virtuoso tra teoresi, teoria e ricerca

Un aspetto susseguente e generale da considerare, e che riguarda ancora tutte le scienze nel senso moderno in cui le intendiamo oggi, è la relazione che esiste tra teoresi, teoria e ricerca.

Qualunque sia la scienza praticata, questa relazione esiste sempre.

Prima di questo, tuttavia, è sempre bene applicare la lezione di definire i nostri termini (Arouet, 1746).

Si trovano, quindi, tre elementi, o parti, o momenti. Teoresi, teoria e ricerca appartengono, infatti, al procedere della conoscenza scientifica.

Molto sinteticamente, possiamo definire:
- «Teoresi» come attività logico-speculativa priva di immediate finalità applicative. Si fonda sulla conoscenza, quindi anche sulla teoria, e sulle capacità razionali, ma non ha scopi di applicabilità diretta, tale per cui si contrappone a «prassi».
- «Teoria» come insieme di enunciati, di proposizioni e anche di leggi che danno conto della verifica di fenomeni. Spiega la realtà in un modo valido e non ha pretese di assoluta verità[7].

---

[7] Si pensi alla «Teoria geocentrica» e alla sua permanenza, che per secoli ha retto le credenze scientifiche per il semplice fatto di dare risposte. Cioè di essere in grado di spiegare il moto degli astri, calcolare le stagioni e ogni altra cosa attinente direttamente alla vita quotidiana dei secoli passati in cui, evidentemente la conoscenza delle previsioni in questo campo consentiva la sua applicazione immediata all'agricoltura, e quindi alla prima fonte di sostentamento del genere umano dagli sviluppi della «Rivoluzione neolitica» fino a oggi (seppur con impegni e impatti diversi).

- «Ricerca» come applicazione metodologica, cioè un insieme di metodi, di tecniche e di strumenti applicati sistematicamente allo studio di un fenomeno al fine di raccogliere dati utili alla sua descrizione o spiegazione, con la possibilità di scoperte.

Tra questi termini dobbiamo infine inserire e considerare anche l'ipotesi. Termine spesso usato anch'esso nel linguaggio comune, proviene dalla lingua greca [ὑπόθεσις, affine a ὑποτίθημι «porre sotto»], e corrisponde al latino «suppositio», da cui l'italiano «supposizione».

È una "supposizione di fatti ancora non realizzati ma che si prevedono come possibili o si ammettono come eventuali, allo scopo di considerarne in anticipo le conseguenze e di prepararsi, quando fosse il caso, ad affrontarle" (VIT).

Nel linguaggio scientifico, invece, assume un significato più specifico, e in logica e matematica in particolare è una "condizione preliminare che si suppone come vera e dal verificarsi della quale dipende la validità di un'altra proposizione", cioè la tesi (*Ibidem*).

Più in generale è una prima spiegazione logica che si dà di un fatto, un fenomeno ecc., che deve essere verificata (confermata) o falsificata (smentita) mediante procedimento scientifico, come per esempio avviene nell'esperimento, per fornire poi la spiegazione valida e quindi entrare nella teoria propriamente detta.

Un processo di verificazione (*verus* «vero» e *facĕre* «fare») con il quale sarà stabilito se quella prima spiegazione è valida oppure no.

In maniera schematica e semplice:

Si manifesta il fatto (A): *perché?*	Domanda cognitiva
Perché è presente il fatto (α).	Ipotesi
Verificazione dell'ipotesi.	Procedimento scientifico

Sono questi i primi elementi di quello che abbiamo chiamato il circolo virtuoso tra teoresi, teoria e ricerca.

Tuttavia quello della ricerca scientifica è e rimane un campo libero in cui se è vero che esistono procedure, processi e altri elementi fissi e inamovibili che lo scienziato deve svolgere secondo il metodo usato, è altrettanto vero che – anche a proprio rischio – egli può spaziare in territori inesplorati, ovvero può muoversi orientandosi e riorientandosi nel farsi della ricerca stessa a seconda di ciò che cerca e dei risultati e delle situazioni che si producono nel suo procedere.

Vale a dire che, se un progetto di ricerca prevede i passi da 1 a 10 e il numero 4 risultasse determinare altre condizioni da quelle pensate nel progetto stesso, sarebbe giocoforza riorientare il progetto e modificare in tutto o in parte i passi successivi, anche fino ad annullarli.

Così non è detto che il ricercatore abbia obbligatoriamente ipotesi *ex-ante*, perché potrebbe voler indagare un fenomeno solo per descriverlo, e poi trovare sul campo i dati che non solo potrebbero rispondere a questa prima esigenza, ma potrebbero rispondere anche alla spiegazione, e quindi, di fatto, direttamente a una tesi.

Detto altrimenti, lo scienziato, lo studioso e per noi anche il professionista, sceglie i metodi, le tecniche e gli strumenti, nonché le procedure che ritiene utili per rispondere alla sua domanda di ricerca; cioè per rispondere alla domanda cognitiva che lo ha mosso a fare ricerca.

2.1 Il procedimento scientifico

Lo scienziato è un ricercatore perché nessuno che voglia fare proprie affermazioni sul mondo (e non solo riportare quelle di altri) può astenersi dalla ricerca per descrivere e/o spiegare i fenomeni oggetto del suo studio.

La spiegazione (cioè l'ipotesi verificata, formulata *ex-ante* o *in itinere*, oppure emersa alla fine proprio come spiegazione e *tesi*) di un fenomeno qualsiasi, quando si dimostra valida, entra nel novero delle teorie che, appunto, potranno spiegare quel fenomeno quando si ripresenti in condizioni simili. Quando, cioè, si potranno compiere generalizzazioni scientifiche su una data categoria di fenomeni.

Certamente qui si marca la differenza tra tutte le scienze che in determinate situazioni possono vantare leggi ineccepibili, probabilistiche o uniformità tendenziali. Come detto, sono quelle scienze facili (cioè misurabili e prevedibili) non nella generalità di scienza ma nella particolarità della situazione. Laddove una scienza può vantare applicazioni con misurazioni sempre più approssimate e prevedibili, allora quella scienza apparirà (più o meno ingenuamente) come una scienza esatta e pertanto una scienza facile perché il risultato sarà sempre (più o meno) lo stesso a condizioni simili.

È ovvio, quindi, che un qualsiasi fenomeno, così presentato, può costituirsi in una teoria applicativa che guida le attività in ognuno di tutti i possibili campi della vita degli individui.

Ma da dove inizia questo processo?

Un metodo ormai classico delle scienze fisiche – e non solo – è il metodo detto «sperimentale»[8]. Tra i primi o forse il primo a concepirlo è Francis Bacon (1561-1626) all'inizio del sec. XVII, e fu poi sistematizzato da Galileo Galilei (1564-1642).

Questo metodo parte essenzialmente dalla formulazione dell'ipotesi che è la spiegazione preliminare e provvisoria di un fenomeno, basata sul ragionamento, sulla logica e su dati di qualche natura, anche congetturale. Questa ipotesi, però, ancora non è stata sottoposta all'esperimento che, secondo i risultati, ci dirà se è o non è valida.

---

[8] Per i nostri fini, nell'accezione pragmatica, possiamo considerare l'esperimento come una tecnica all'interno del metodo qualitativo (vedi).

Per esempio: «Perché [domanda di ricerca o cognitiva] Mario, bambino di terza classe della scuola primaria, appare violento con i suoi coetanei? È possibile che la *violenza mostrata da Mario* [fenomeno] sia dovuta *all'emulazione di fatti domestici* [ipotesi]».

Cosa fare? Come agire per verificare questa ipotesi?

C'è da dire che l'impostazione dell'*inferenza logica* costruita dallo scienziato nella definizione dell'ipotesi, può essere di natura deduttiva e induttiva, diversificando all'opposto l'estensione della spiegazione e il livello di validità.

Charles Peirce (1839-1914), tuttavia, afferma che esiste un terzo (e per lui il solo) modo inferenziale che è costituito dalla *abduzione*, quale "processo che forma una ipotesi di spiegazione. È la sola operazione logica che introduce una nuova idea" (Peirce, 1931-1958: v. 5, p. 171).

Pur non potendolo chiudere in una definizione strettissima, poiché appunto ci sono diverse impostazioni logiche, il metodo sperimentale consiste sostanzialmente nel formulare ipotesi da sottoporre all'esperimento: *experiri*, esperire, cioè dimostrare e conoscere mediante prova.

Così come detto, tra il totale successo e l'altrettanto totale fallimento, in cui le "terze vie" sono spesso le più frequenti, in linea teorica, l'esperimento può avere due esiti sostanziali:
- *Verificazione* dell'ipotesi, tale che questa diviene parte della teoria, cioè legge e teoria stessa in quanto spiegazione valida.
- *Falsificazione* dell'ipotesi, così che questa deve essere riformulata in tutto o in parte e sottoposta a nuovo esperimento[9].

---

[9] Un risultato di "terza via" ammette, pertanto, la riformulazione parziale dell'ipotesi, anche con minime variazioni rispetto all'esperimento che non ha dato gli esiti auspicati o attesi. Quindi in molti casi l'esperimento non riparte dal nulla, ma subisce aggiustamenti e modifiche fino a raggiunge (laddove lo raggiunga) l'esito voluto, ovvero uno approssimativamente accettabile.

Avviene dunque in questo metodo (più facilmente nel mondo della natura piuttosto che in quello sociale) che lo scienziato osserva un fenomeno, formula l'ipotesi per immaginare e dare la sua prima spiegazione e la sottopone a verifica mediante l'esperimento organizzato secondo determinate condizioni (*pubbliche* e *controllabili*). Se l'esperimento fallisce l'ipotesi non è provata (cioè ne è provata la falsità) e quindi se ne formulerà una nuova (o diversa o modificata). Ma se l'esperimento riesce e nella sua ripetizione i risultati sono gli stessi entro un errore predefinito (*ripetibilità* dell'esito ogni volta sotto le stesse condizioni), allora l'ipotesi si trasforma in una legge (*lato sensu*) ed entra nella teoria come parte o diventa teoria essa stessa.

Ovviamente questo è soltanto un modo di fare ricerca. Come detto è usato con maggiore facilità nelle scienze fisico-chimiche che lo prediligono propriamente come metodo fondamentale, ma anche le scienze sociali ne fanno qualche uso. Vi sono quindi altri metodi e molte altre strade e ancor più diramazioni per giungere alla descrizione, alla spiegazione o alla scoperta e quindi aumentare la conoscenza.

Le caratteristiche del procedimento scientifico, invece, restano essenzialmente le stesse: *pubblicità*, *controllabilità*, *ripetibilità* delle procedure.

Sono tre caratteristiche ineludibili di ogni procedimento scientifico.

Le prime due garantiscono l'accesso ai dati di ogni tipo e alle misurazioni, oltre che alle note metodologiche riguardo alle scelte che il ricercatore ha attuato nel suo procedere (versante della giustificazione). In questo modo altri ricercatori, scienziati e professionisti, hanno accesso al *come* di ciò che ha condotto un altro ricercatore al *cosa*, cioè alle sue conclusioni e risultati.

La terza, di fatto, dà accesso alla previsione scientifica perché il risultato, sia esso solo una misurazione o l'esito di un esperimento, deve essere lo stesso (ovvero più approssimato a seconda dei casi) per chiunque attui gli stessi metodi, tecniche, strumenti e lo stesso procedimento. Il *come*, replicato, condurrà nuovamente al *cosa* del nuovo fenomeno.

È nuovamente intuitivo immaginare come questo processo, così semplificato, apparentemente chiaro e lineare, sia più facile da seguire per un chimico o per un fisico, piuttosto che, seppur possibile, per uno scienziato sociale.

La validità del procedimento sembra ancora una volta non legata al tipo di scienza in sé quanto al risultato. Un risultato valido, che sia perciò ripetibile a condizioni date, propone anche il metodo valido in quelle condizioni (approssimate).

Parrebbe quindi che una strada di dogmi procedurali non sia sempre percorribile, così come non lo è quella senza dogmi procedurali.

Il *methŏdus* valido appare essere quello legato al risultato che regga alla dimostrazione, che risponda ai criteri di ripetibilità, controllabilità e pubblicità della procedura. E questo senza doversi a priori preoccupare – a volte sembra in via prioritaria – di rispondere della coerenza ad uno dei tanti metodi proposti nel dibattito, ancorché precari, né ai molti strumenti, precari anch'essi, o altrettanto precarie scuole di pensiero. Una situazione che renderebbe il ricercatore-analista più libero di usare tutto ciò che è utile o usabile, ciò che è valido o ritenuto tale. Sarà il risultato, appunto, che darà prova di sé stesso.

Ovviamente, in nessun caso, questo può essere inteso come un metodo qualsiasi che mistifichi e alteri dati e risultati.

2.2 Lo schema del circolo virtuoso

Alcuni autori sostengono che il processo che conduce alla conoscenza scientifica inizi dalla fase di ricerca. Altri sostengono che è dalla conoscenza teorica che si possono formulare ipotesi da verificare. Altri ancora sostengono un approccio diretto sul campo escludendo ipotesi preliminari.

Il dibattito sul metodo delle scienze sociali (tra metodologi e non) è davvero infinito ed estenuante, tra i sostenitori dei diversi campi e delle varie visioni che nella storia di queste scienze si sono succedute, incrociate e sovrapposte[10]. Un dibattito che non accenna a terminare proprio perché nessuno dei *debater* ha ancora trovato l'algoritmo della società, così come non ha trovato la procedura di ricerca che soddisfi tutte le esigenze conoscitive di un fenomeno.

Qui, invece, sosteniamo semplicemente che si tratta d'un processo ciclico, dove ogni fase segue l'altra, continuamente, incessantemente, come se fosse una giostra che gira senza sosta o il mitico *Uroboros*.

Il semplice schema nella pagina seguente aiuterà la comprensione del modello che proponiamo.

I campi entro cui si muove il ricercatore sono campi d'azione (cioè dell'agire individuale e sociale) che, come tali, non possono essere racchiusi in un solo termine. Sono modi di agire che hanno tra loro confini fluidi in cui e tra cui il ricercatore si muove nella sua libertà intellettuale. Libertà intellettuale che, come detto, non significa vagare senza meta: la sua capacità intellettiva lo guiderà nel percorso; i risultati validi gli confermeranno la giustezza di quel percorso.

---

[10] Per i fini di questo manuale il dibattito non può essere seguito perché va oltre alle nostre necessità didattiche elementari. Per intraprendere un primo percorso conoscitivo sul dibattito, sui metodi e sulla metodologia delle scienze sociali proposti da vari autori, segnaliamo: A. Marradi, *Metodologia delle scienze sociali*, Il Mulino, Bologna, 2007; R. Cipriani, G. Losito, *Dai dati alla teoria sociale*, Anicia, Roma, 2008; E. Campelli, *Da un luogo comune. Introduzione alla metodologia delle scienze sociali*, Nuova edizione, Carocci, Roma, 2009; M. Cardano, G.L. Venturini, M. Manocchi, *Ricerche. Un'introduzione alla metodologia delle scienze sociali*, Carocci, Roma, 2011; M. Cardano, F. Ortalda, *Metodologia della ricerca psicosociale. Metodi qualitativi, quantitativi e misti*, De Agostini Scuola, Novara, 2016.

Le fasi si presentano nella successione che abbiamo definita *ciclica*, *sintagmatica* e *iterativa* o *non lineare* di: Teoresi (TS-1), Ipotesi (HY-2), Ricerca (RC-3), Teoria (TR-4), Applicabilità-Prassi (AP-5).

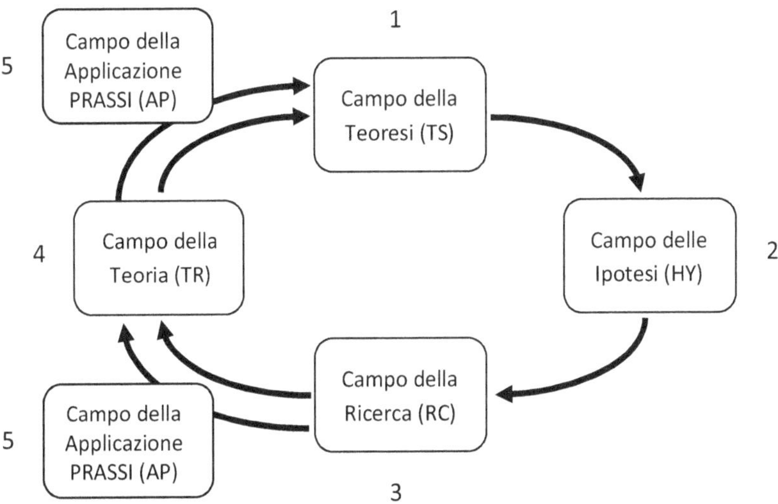

Sono fasi *sintagmatiche* nel senso che TS precede HY, come TR precede AP, e così via.

Sono *cicliche* nel senso che AP può anche precedere TS nella sequenza sintagmatica iniziando, per esempio, dalla fase 3 della ricerca.

Sono *iterative* o *non lineari* nel senso che la sequenza completa da 1 a 5 ($TS \rightarrow AP$) non è necessaria, tale per cui il processo, per esempio iniziato dal punto 1 (TS), arrivato sintagmaticamente al punto 3 (RC), può tornare direttamente al punto 1 e da lì riprendere ad avanzare.

È dunque certamente possibile che la posizione Applicabilità-Prassi, per esempio nel caso in cui il professionista stia applicando una qualsiasi teoria ritenuta valida, mostri invece risultati incongruenti con quelli attesi, e allora – *ceteris paribus* – sarà proprio il campo della prassi, quello professionale, quello del "mentre si sta operando" che fornirà dubbi al campo della teoria, oppure elementi a quello della teoresi per nuove idee e nuove ipotesi che, tuttavia, dovranno essere verificate o falsificate nel campo della ricerca.

Se queste *nuove ipotesi* fossero falsificate, allora la teoria ne uscirebbe confermata, quindi rafforzata, ma se invece fossero verificate allora la teoria ne uscirebbe modificata, oppure addirittura confutata e perciò sostituita dalla nuova teoria, come nell'anomalia di Kuhn[11] e nell'abduzione di Peirce.

Quindi una prassi che, in quanto attività sostenuta dalla conoscenza teorica, può produrre elementi di teoresi, e che, in quanto attività sostenuta dalla ricerca, può produrre elementi di teoria. Che poi sia la teoria dell'etichettamento dell'individuo (Lemert, Becker, Goffman) o quella del moto dei pianeti, in termini logici non fa alcuna differenza.

Così vale per il campo della ricerca: si può perfettamente indagare un fenomeno sociale o di altro tipo, partendo proprio dalla raccolta dei dati in una ricerca organizzata *senza ipotesi*, e da lì ricostruire o costruire una teoria[12]. Questo perché, come detto sopra, si può indagare un fenomeno descrivendolo, ma avendo anche le domande cui dare risposta (domanda cognitiva, di ricerca) oppure non avere una risposta preliminare (ipotesi), così che nel farsi della ricerca, nella descrizione

---

[11] Kuhn, T. (1962, 1970), *The Structure of Scientific Revolutions*, Chicago University Press, Chicago; ita. *La struttura delle rivoluzioni scientifiche*, Torino, Einaudi, 1979.
[12] Per la sociologia e le scienze sociali ci riferiamo per esempio alla *Grounded theory*, la teoria fondata sui dati, dove il ricercatore organizza il suo campo di studio, raccoglie i dati, li analizza e solo dopo formula spiegazioni o descrizioni in forma teorica – Cfr. R. Cipriani, G. Losito, *Dai dati alla teoria sociale* 2008).

del fenomeno queste risposte sorgano dal lavoro sul campo. Quelle risposte sarebbero le spiegazioni che trasformerebbero il campo preliminare (sintagmatico) dell'ipotesi nel campo della tesi quando le spiegazioni sorte dai dati sul campo siano a loro volta riconfermate con la verificazione.

Questo è l'andare del profondo della conoscenza umana: porsi domande e cercare risposte che siano valide piuttosto che vere, in un continuo flusso e riflusso di maree di pensiero e di azione.

Una teoria valida piuttosto che vera perché, infatti, se una teoria fosse vera, lo sarebbe in assoluto e per sempre, e non sarebbe mai smentita, né confutata dando luogo al paradosso della fine della conoscenza.

Appare chiaro, quindi, che se si tratta soprattutto di cicli continui, se vale cioè l'idea di una metaforica giostra, allora questo è il circolo virtuoso tra teoria e ricerca in cui il ricercatore può salire e iniziare da dove vuole, purché il suo procedimento e dunque le sue affermazioni finali, cioè i suoi risultati, rispondano sempre ai canoni per processo scientifico e diano almeno una soluzione efficace ed efficiente al problema posto.

3. I temi generali della ricerca sociale

Ricerca e teoria scientifica si alimentano dunque l'una con l'altra reciprocamente in quello che abbiamo chiamato il *circolo virtuoso*. Quando si parla di scienza è quindi giocoforza parlare di ricerca. Che sia ricerca pura, ricerca teoretica, filosofica o ricerca applicata, la relazione è indissolubile.

Neppure si può parlare di professioni (qualsiasi) senza le scienze che vi concorrono in un qualche equilibrio peraltro convenzionale e arbitrario, portando con sé, ancora una volta, le loro attività di ricerca.

Dunque la ricerca è un atto che non tocca esclusivamente lo scienziato di laboratorio o dell'accademia, come possono esserlo il sociologo o lo psicologo. Anche i professionisti devono ricercare i dati che ritengono validi se vogliono svolgere le proprie analisi, formulare le proprie diagnosi e proporre le proprie soluzioni.

Certamente ogni atto professionale distinguerà metodi, tecniche e strumenti per raggiungere la diagnosi, ma l'essenza della scienza, l'essenza della conoscenza, chiede esattamente questo: fare affermazioni sul mondo, dare risposte a domande, ma solo dopo avere acquisito le informazioni e quindi aver trovate le *"risposte che diano almeno una risposta"*, anche se solo per un tempo, anche se solo per un caso.

È in questo modo che assumiamo il senso dell'affermazione di Maria Grazia Casadei per la quale:

"Chi lavora organicamente nel sociale deve *saper mettere in pratica i suoi saperi* per rimuovere gli ostacoli e le situazioni che determinano malessere, che provoca l'emarginazione, poi il disagio fino alla devianza, con conseguenze spesso devastanti" (Casadei, 2008: 7).

Per questa necessità, per fare affermazioni scientifiche sul mondo che ci circonda, offriamo in questo capitolo alcuni tratti essenziali della ricerca sociologica-sociale. Per i più esperti si tratterà forse di eccessive semplificazioni, ma quanto scelto ci è apparso congruente con i nostri propositi e con le fondamentali basi conoscitive di coloro cui è destinato questo lavoro.

3.1 L'oggetto della ricerca sociologica e sociale

Si discute moltissimo riguardo a come si debba fare ricerca nelle scienze sociali e in particolare in sociologia. D'altra parte, l'intera metodologia delle scienze sociali determina un filone di studio a sua volta autonomo, in cui in passato e tutt'ora si è sviscerato quanto più sia possibile per un *discorso sul metodo*. Un discorso che tuttavia non sembra aver risolto i dubbi, alcuni dei quali neppure di poco conto.
Proponiamo, quindi, un'impostazione generale da cui poter trarre le linee guida che ogni professionista del sociale può poi sviluppare seguendo il proprio percorso e i propri casi, con l'obiettivo sempre e comunque di giungere a un risultato valido e applicabile, quando cioè non siano esclusivamente percorsi di ricerca pura che sono sempre possibili nell'interesse del singolo studioso.
In questo senso sosteniamo la posizione di coloro che parlano di ricerca nelle scienze sociali, inglobando l'intera materia, cioè includendo le ricerche antropologiche, etnografiche, culturali e psicosociali.

"L'uso di quest'espressione [ricerca nelle scienze sociali] deriva dalla convinzione che sia possibile parlare di ricerca sociale, trasversalmente per tutte le scienze sociali, senza bisogno di distinguere nettamente tra sociologia, psicologia, antropologia culturale, etc., né tra tipi di ricerca (ricerca di base, ricerca-azione, etc.). Ritengo che non sussistano sostanziali differenze in merito ai procedimenti di ricerca tra le discipline che si occupano dell'uomo e dei suoi rapporti con gli altri" (Corrao, 2005:147).

Anche qui si potrebbe discettare che la psicologia è scienza individuale, ma così non andremmo oltre quella che, come spesso troviamo nei dibattiti sul mero, sarebbe solo una discettazione. Siamo perciò d'accordo con questa idea di Sabrina Corrao (1955-2005) che consiste soprattutto nel preoccuparsi di fare una buona operazione di ricerca piuttosto che occuparsi della sua classificazione, della tipizzazione o della nomenclatura.

Come dunque visto sopra nel suo significato etimologico, il *metodo* indica l'azione di fare ricerca, indagare, investigare, e anche il modo della ricerca. Facciamo quindi rientrare ora il metodo nella metodologia, vale a dire sia nel suo significato di discorso intorno al metodo, sia come insieme di metodi, tecniche e strumenti di ricerca.

Nel primo significato Campelli afferma che non si sente il bisogno di una metodologia delle scienze fisiche o chimiche, mentre sembra reputarsi necessaria, invece, una metodologia delle scienze sociali, quasi a dimostrare l'incertezza e l'inadeguatezza di queste in quanto scienze (Campelli, 1999-2009: 9). Il fatto, abbastanza evidente, è che nelle scienze fisiche o chimiche, la linea di ricerca principale è la sperimentazione (già con l'idea baconiana e galileiana viste sopra).

Insomma, molto semplicemente, l'esperimento o è riuscito oppure è fallito, fatti salvi ovviamente i gradi intermedi su cui si possono applicare i correttivi fino a raggiungere pienamente o con approssimazione graduale il risultato cercato. Quando quell'esperimento restituirà sempre lo stesso risultato allora l'ipotesi sarà verificata e la teoria sarà stabilita. Gli elementi, le proposizioni e le leggi che costituiranno quella teoria saranno facili (nel nostro senso) proprio perché combinati nella stessa procedura restituiranno sempre lo stesso risultato.

Quantità stabilite di cemento Portland, sabbie e acqua restituiranno sempre un conglomerato cementizio perché quegli elementi reagiranno secondo le formule chimiche e fisiche note nel nostro sistema reale.

Una classe di bambini già costituiti in gruppi sociologici, in cui inseriamo un elemento nuovo, non sempre reagiranno "bullizzando" quel nuovo come uno straniero e non sempre reagiranno accogliendolo e sostenendolo.

Questo però ci fa supporre una necessaria similitudine almeno con la finalità della ricerca sociale e quindi con l'intervento che si ritiene di dover applicare: *il risultato si raggiunge oppure non si raggiunge*, anche qui fatti salvi gli stessi livelli intermedi di cui sopra.

Si potrebbe dunque fare un primo passo e accettare l'idea che esiste un autentico luogo comune da cui far partire la ricerca scientifica (Campelli, 2009). Ricerca che vale per ogni scienza se questa è tale in senso moderno.

Il secondo passo diventerebbe allora conseguente e sarebbe quello di smettere di discettare di metodologia delle scienze sociali (spesso in maniera autoreferenziale) e definire il metodo esclusivamente in base al procedimento seguito e ai risultati ottenuti: la procedura stessa ne diventerebbe il nome tecnico.

E questo sempre perché nelle scienze sociali non si produce conglomerato cementizio né nitroglicerina.

Questo significa che non può che trovarsi un'altra differenza proprio nell'oggetto materiale tra le scienze. E questo non perché sia l'oggetto scientifico a distinguere le scienze, ma solo perché l'oggetto delle scienze sociali è generalmente più difficile da risolvere.

L'oggetto della ricerca delle scienze sociali, infatti, è sempre e comunque l'essere umano, cioè l'individuo vivo, con un cervello suo, inconosciuto e tuttora inconoscibile, che riceve infiniti *input* producendo infiniti *output* (oppure non producendoli affatto), ovvero che può produrli (pensarli) e non trasformarli in azione agita.

È un essere che sceglie e decide di agire, di tralasciare o subire (Weber, 1922) secondo l'infinita congerie di valori che variano o possono variare continuamente (Delli Poggi, 2013, 2015, 2019a): la scienza dell'uomo è scienza di sistemi aperti che sono complessi per definizione. E questo mostra chiaramente le difficoltà dei problemi che non sono stati ancora risolti, nonostante i discorsi sul metodo.

D'altra parte, anche la scienza medica è definita scienza non esatta, pur con le sue misurazioni che si approssimano ma non sempre rispondono alla domanda «perché?»; e questo nonostante la scienza medica abbia un grandissimo contributo proprio da quelle scienze che sono spesso chiamate col nome di *hard*, per distinguerle ingenuamente e anche contrapporle alle cosiddette scienze *soft*.

Scienze dure o morbide, scienze nomotetiche o idiografiche, scienze della natura o dello spirito, si tratta, queste come altre, di dicotomie prive di utilità, che non dicono nulla sulla validità e sulla legittimità di una scienza. Una scienza in senso moderno non è più solo lo *scire* [*scĭo*], ovvero la conoscenza di qualsiasi cosa, ma è conoscenza valida se è applicabile e se questa applicazione risolve il problema insito nel fenomeno che si ha davanti.

La teoria geocentrica fu valida?

Sì, certo. E lo fu per secoli e secoli, per millenni, per quanto Aristarco di Samo già nel terzo secolo avanti Cristo teorizzava l'eliocentrismo. E questa longevità della teoria (cioè della spiegazione) non fu ingenuità, misticismo e ottusità dell'uomo. Non fu nemmeno l'ingerenza della Chiesa di Roma, visto che trattiamo di molti secoli prima della costituzione del suo potere temporale. Il geocentrismo fu valido fintanto che i maghi e i sacerdoti, gli astrologi e poi gli astronomi poterono con quello calcolare il moto dei pianeti, i cicli lunari, da cui l'avvento delle stagioni e gli altri fenomeni planetari e astrali così da compilare anche i loro almanacchi, cioè testi che potevano essere applicati, vale a dire usati dagli uomini in agricoltura o nella navigazione o per le loro innumerevoli attività.

Le fasi lunari in particolare, essendo date da un corpo celeste che effettivamente ruota intorno alla Terra, con la loro durata di 28 giorni (ca.) furono già una misura preistorica del tempo (Marradi, 2010), potendosi oggi calcolare con una misura più precisa[13].

Se quindi, come già detto anche sopra, dovessimo proprio essere costretti a separare le scienze, dovremmo forse dividerle tra scienze facili e scienze difficili:

"Le prime quando i fenomeni siano in universi determinati con misurazioni definibili ancorché relative [a quell'universo concordato], le seconde quando questo non sia possibile e ci si trovi a lavorare nell'immensamente grande o nell'immensamente piccolo" (Delli Poggi, 2013: 165).

Si può dire dunque che la scienza diviene facile quando le variabili che determinano il fenomeno possono essere poste sotto il controllo dello scienziato che può misurarle con un qualsiasi μέτρον. Un metro che, per quanto convenzionale, sia però attendibile e valido, così che si possano riprodurre quelle variabili nella stessa misura riuscendo ad ottenere risultati molto simili, anche se non identici, e pertanto mediante procedimenti pubblici, ripetibili e controllabili.

---

[13] «Nel moto di rivoluzione intorno alla Terra il satellite [Luna] riprende la stessa posizione rispetto alle stelle fisse dopo 27 giorni, 7 ore, 43 minuti primi e 11,5 secondi (rivoluzione siderale o mese sidereo), mentre per il movimento di rivoluzione che assieme alla Terra compie attorno al Sole torna ad avere la stessa posizione rispetto a tali corpi celesti dopo 29 giorni, 12 ore, 44 minuti primi e 2,8 secondi (rivoluzione sinodica, mese sinodico o lunare, o lunazione)» – VIT.

Dato e *fonte* sono elementi necessari al sapere. I dati sono qualsiasi informazione che inerisca e contribuisca a dare risposta al quesito scientifico (la domanda di ricerca, la domanda cognitiva).

La fonte è ovviamente ciò che il termine vuole ispirare ed evocare, cioè il luogo materiale e /o immateriale dal quale sono estratti, sgorgano o comunque provengono i dati.

Il *dato* o i *dati*, dal verbo stesso [participio passato di «dare»], sono espressi in questi termini:

"Ciò che è immediatamente presente alla conoscenza, prima di ogni forma di elaborazione (…) mediante i quali, sulla base delle relazioni e condizioni presupposte nell'enunciato del problema, ci si propone di determinare i valori incogniti di altre grandezze" (VIT).

Sono quindi, per così dire, gli oggetti materiali (*lato sensu*) della ricerca. Cerchiamo dati per elaborarli e poi trasformarli in un risultato mediante quel procedimento che abbiamo definito scientifico. Che sia un mero problema matematico o uno sociologico, abbiamo bisogno di dati affinché si possa tentare di risolvere il problema stesso.

Le *fonti* sono invece la provenienza di quei dati. Come detto, anche qui il termine è immediato perché fonte è ciò da cui sgorga e fuoriesce qualcosa. Fonte storica è un diario, una lettera, una biografia di qualche tipo. Fonte statistica sono i dati tecnici, cioè i numeri in elaborando o elaborati (quindi in fase già avanzata di trattamento). La fonte è quindi qualsiasi cosa, testo scritto, visuale, orale, di cosa o di persona da cui si traggono i dati.

Nel nostro caso, cioè nella ricerca sociale, questo riporta al problema della *attendibilità* della fonte. Una *fonte autorevole* è preferibile, ma bisogna sempre verificare la sua *autenticità*, e se del caso anche la conferma delle informazioni stesse, per non accogliere dati errati e poi fornire informazioni sbagliate. Una *fonte diretta* esprime dati in prima persona, mentre una *fonte indiretta* li esprime per voce riportata.

Altresì, una *fonte ufficiale* è tale perché rispecchia la responsabilità dell'entità che rappresenta. Rilevato il dato, si può perciò affermare senza dubbio che "X ha detto Y". Ma si può avere solo questa certezza, perché essere una fonte ufficiale non significa immediatamente che si tratti anche di una fonte attendibile; infatti, la fonte ufficiale potrebbe fornire un'informazione (volontariamente o involontariamente) mistificata e falsa.

Una fonte ufficiale può essere, per esempio, il Bilancio economico-finanziario o la Dichiarazione non finanziaria (DNF) di un'impresa, ma questo non significa necessariamente che tutti i dati lì contenuti (per quanto certificati) siano del tutto veritieri, sia involontariamente (per negligenza o colpa), sia volontariamente (per dolo).

Questo fa immaginare che i dati di prima mano (raccolti direttamente dal ricercatore) siano preferibili a quelli di seconda mano (raccolti da altri e acquisiti dal ricercatore per l'elaborazione), e tuttavia non se ne può avere sempre e comunque l'assoluta certezza.

Lavorare, per esempio, sui dati raccolti e distribuiti dall'ISTAT in forma grezza e poi elaborati privatamente dall'analista non significa affatto avere la certezza della veridicità del dato, ma solo che quel dato riviene da una fonte ufficiale e attendibile della quale tuttavia si devono conoscere perfettamente le metodologie di raccolta e definizione (note metodologiche).

Quale è il significato che l'ISTAT dà dei termini inoccupato, disoccupato, occupato? Solo leggendo la nota metodologica che l'istituto mette a disposizione si può capire se quel significato corrisponde e quanto all'idea che ha il ricercatore degli stessi concetti-termini, per poter fare poi le sue affermazioni su quel fenomeno.

Il dubbio per tutti questi si può ridurre, se non proprio risolvere, con lo studio, la comparazione, l'analisi e la sintesi del lavoro di ricerca.

È dunque nella ricerca stessa che sono scelte le fonti da cui trarre i dati. Ma se questi dati sono esatti allora non fa nessuna differenza se sono raccolti direttamente sul campo o da altri. Quindi, come detto, parleremo rispettivamente di dati di *prima* e di *seconda mano*, fermo restando che il problema dell'attendibilità e validità del dato come delle fonti rimane in entrambi i casi. Si possono, infatti, ottenere dati di prima mano ma del tutto errati e al contrario avere dati di seconda mano ma dimostratisi esatti[14].

Se per esempio fosse il momento del contributo di un Assistente sociale alla decisione di un giudice del tribunale per minorenni nel caso di violenze domestiche, le fonti saranno il soggetto stesso e quelli che lo circondano nella vita quotidiana, i dati saranno le loro risposte alle domande, ma potranno essere anche riscontri oggettivi di medici o referti ospedalieri e molto altro ancora.

La ricerca sociale sul campo, che sia tipicamente sociologica o applicata alle professioni, è dunque un'indagine nella quale prima di ogni cosa è la volontà di conoscere e l'interesse scientifico del ricercatore, combinati con la sua preparazione tecnica, ma anche con il suo acume e l'attenzione a qualsiasi dato anche apparentemente insignificante, che porteranno a ottenere un risultato sempre più approssimato alla validità.

Una validità, anche questo detto più volte, che non sarà mai la verità assoluta, ma che risponderà meglio in quelle condizioni, in quel caso,

---

[14] Esistono molti centri di raccolta ed elaborazione dati. Tra quelli che offrono dati statistici si può ancora citare l'Istat o anche l'Eurostat, o l'Indire (Istituto nazionale di documentazione, innovazione e ricerca educativa) e Invalsi (Istituto nazionale per la valutazione del sistema educativo di istruzione e di formazione). Ne esistono però tanti che, per quanto di dimensioni molto ridotte, sono anche molto attivi, incentrandosi sui temi delle professioni sociali, fornendo informazioni e risultati di ricerca. Uno per tutti, il Grusol (Gruppo solidarietà) di Moie di Maiolati (AN).

alle esigenze, cioè a rendere la risposta alla domanda di ricerca: chi? Cosa? Come? Dove? Quando? Quanto? Perché?

3.3 Metodi di ricerca, tecniche e strumenti

Anche qui si trovano autori dello stesso ambito che usano termini differenti per definire lo stesso oggetto, e perciò esiste una certa confusione tra ciò che è definito coi termini di metodologia, metodo, tecnica e strumento. In realtà questo avviene in quasi ogni ambito, tale per cui si danno nomi diversi alle stesse cose. E questo senza contare l'abuso di anglicismi che nulla aggiungono a una definizione univoca e certa.

"A mettere un po' di ordine in questo campo è intervenuto Marradi [1987, 135-143], preoccupato della confusione terminologica, connessa non di rado con quella concettuale, vigente nelle scienze sociali. Al contrario di quanto si pensa di solito, il linguaggio scientifico non è più preciso di quello comune [Marradi, 1994, 171-173]. I termini, anche quelli usati più frequentemente, non hanno un significato univoco, soprattutto nelle scienze umane e sociali: spesso succede che un referente sia connotato in modi diversi, e che un medesimo termine sia usato, da vari autori, ma talvolta anche dallo stesso autore, persino all'interno di un unico testo, per designare concetti differenti [Marradi, 1987, 136], (Corrao, 1987: 147).

In verità Alberto Marradi si scaglia anche contro molta produzione di ricerche che definisce *nonsense*. La citazione è nota e ripresa da diversi autori, forse per la sua caustica schiettezza, forse per il periodo (1985), laddove le cose, da allora, dopo ben oltre trent'anni, non appaiono affatto migliorate:

"Migliaia di aspiranti ricercatori, infarinati alla bell'è meglio da scuole estive di tecniche statistiche, hanno correlato e fattor'analizzato tutto ciò che capitava loro a tiro, producendo tonnellate di *nonsense*, di cui non pochi quintali hanno trovato la via della pubblicazione" (Marradi, 1985: 136).

Ciò detto, per semplificare e per chiarire ulteriormente, ribadiamo definitivamente che, da qui in avanti, nel nostro lessico di queste lezioni il termine metodologia, pur significando ancora un discorso intorno al metodo, intenderà nella prassi anche tutto *l'insieme dei metodi, delle tecniche e degli strumenti* della ricerca sociale.

Come già chiarito, si vuole però ribadire che comunque sia condotta la ricerca, l'oggetto dello studio sociale è sempre l'essere umano. Quindi, in un modo o nell'altro, le domande che forniscono i dati iniziali della ricerca sono sempre il *chi* e/o il *cosa è* un individuo. Vale a dire che è a lui che il ricercatore si rivolge anche se con metodi, tecniche e strumenti diversi.

Quindi, nella ricerca pura e nella ricerca applicata ai casi professionali, tutte le diagnosi nascono da un'analisi dei sintomi qualitativi e quantitativi per cui, in definitiva, esiste un solo modo: interrogare il soggetto direttamente e/o indirettamente.

Questo "interrogare", infatti, non deve essere inteso soltanto come un'intervista con domande dirette perché ci sono anche molti modi indiretti per ottenere le risposte che cerchiamo.

Si può osservare il soggetto, che sia consapevole o inconsapevole di essere osservato. Un bambino di tre anni che sia affidato alle cure professionali di un educatore può certamente rispondere ad alcune semplici domande, ma il *datum* può venire proprio osservando i suoi comportamenti (sia che agisca, tralasci o subisca), da un disegno o da reazioni emozionali-emotive davanti a persone o cose, immagini o situazioni;

infatti anche un oggetto che evochi nella sua mente un'esperienza negativa e quindi una manifestazione comportamentale, è un dato che dovrebbe venir colto.

Per tutti, bambini, adolescenti, adulti e anziani, si possono leggere
dati biografici da un diario, da lettere o altro. Si possono raccogliere le
informazioni, dai dati socioeconomici a quelli demografici, insomma
tutto concorre a raccogliere sul campo e ricostruire in laboratorio gli
individui negli aspetti salienti che interessano.

Dunque la ricerca nelle scienze sociali, ma anche la diagnosi professionale, consente di fare affermazioni che diano risposta ai quesiti. Di
conseguenza, comunque la si chiami, *è sempre la domanda di ricerca
che fa da perno*. Il ricercatore potrebbe anche non rivolgerla al suo soggetto-oggetto, ma è implicito, è ovvio, anzi è necessario che egli debba
averla dentro la sua mente. Infatti, se incontra il suo soggetto-oggetto e
non pone o non si pone nessuna domanda, allora è evidente che è come
se non lo avesse incontrato.

La domanda di ricerca, il quesito scientifico, si aprirà in un ventaglio
di domande e in questo senso, quindi, sia la domanda di un questionario,
in forma diretta, sia la lettura di un diario personale, in forma indiretta,
entrambe danno (o possono dare) una risposta a ciò che si sta cercando.

Dunque la domanda scientifica del ricercatore non è l'azione di domandare ma è il quesito cui la ricerca stessa deve dare una risposta.

Infine, l'azione stessa che invece è il DOMANDARE nel senso di ricercare i dato, è solo la prima di una triade di azioni *complementari* e *continue* che implica anche ASCOLTARE e OSSERVARE.

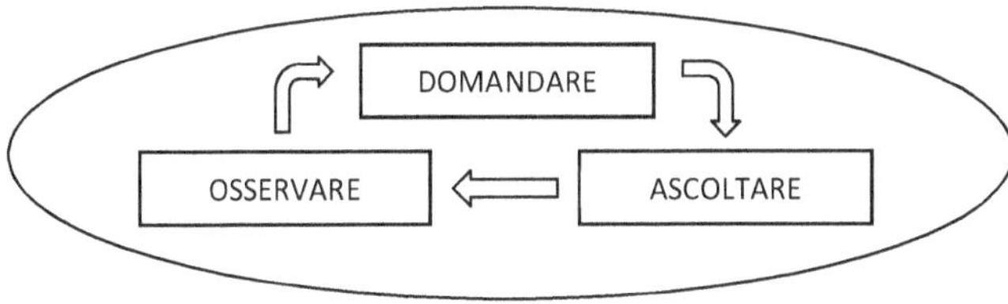

3.4 Metodo quantitativo e metodo qualitativo

A seconda del tipo di dato di cui avremo bisogno, useremo quindi il metodo *quantitativo* o il metodo *qualitativo*[15] fermo restando che li useremo entrambi se le esigenze conoscitive che ci interessano riguardo al soggetto (individuo o gruppo) lo richiedono. In questo caso parleremo di *metodo misto*, ma solo per accennare una sorta di definizione[16].

In realtà ci sembra che questo tipo di classificazione non abbia alcuna valenza pratica se non quella di fornire un'indicazione generale. Una vieta distinzione che seppure dà conto di un metodo usato dal ricercatore (o del metodo prevalente) non dice nulla sulla validità dei risultati ottenuti dalla ricerca stessa.

Ma cosa sono rispettivamente questi due metodi?

Il metodo quantitativo è il metodo del quanto, cioè di qualcosa che è preso direttamente o è tradotto in un numero. Dunque traduce (quasi) tutti i dati in numeri. Questo è il senso di *quantità*. La logica di fondo è che tende all'omologazione di $1 = 1$, cioè, in relazione alla risposta data, *Ego* è uguale ad *Alter*. Questo comporta l'aggregazione dell'individuo in una stessa categoria (maschi, femmine, laureati, credenti, non credenti ecc.), non considerando la sua diversità (unicità). Si ottiene un risultato numerico, qualunque sia il tipo di dato elaborato.

Detto diversamente, il dato reddituale o l'età, l'altezza o il voto dell'esame di profitto, i treni provinciali dei lavoratori pendolari, gli individui in una classe scolastica o in un asilo nido sono numerabili

---

[15] Ferrarotti propone *approccio* qualitativo per sottolineare l'avvicinamento progressivo al dato potendo anche aggiustare, modificare e/o migliorare il procedimento.

[16] Si usa anche dire metodo standard e metodo non-standard ma la sostanza non cambia affatto, e i problemi metodologici restano tutti anche se gli si cambiano i nomi.

direttamente, cioè il loro conteggio puro restituisce un numero che *re-lativamente* e nell'ambito di un dato universo è inequivocabile[17].

Queste in statistica e nell'ambito del metodo quantitativo sono dette variabili cardinali (prettamente quantitative) che, in quanto numeri effettivi, possiedono tutte le caratteristiche logico-matematiche di questi.

Ma queste non sono le sole variabili che possono essere trasformate in numeri. Le cosiddette variabili qualitative nominali (p.es. genere) od ordinali (p.es. titolo di studio) sono tradotte in numeri che tuttavia sono usati non come numeri (usabili matematicamente) ma come codici[18].

Ma anche le singole risposte alle domande (chiuse) di un questionario diventano variabili codificate[19].

Tutte queste risposte andranno a comporre l'insieme di una matrice (casi per variabili, come per esempio in un normale foglio di calcolo Excel) nella quale il caso (il soggetto) è *descritto* orizzontalmente per

---

[17] L'universo cui ci riferiamo è sempre un insieme di *n*-esimi elementi nella loro totalità e in cui vigono leggi relative a quello stesso universo, sia esso fisico-materiale, sia astratto-immateriale e convenzionale. Se, per esempio, consideriamo l'insieme di una scuola (qualsiasi) nella totalità degli individui che vi partecipano, ognuno nei rispettivi ruoli e funzioni, allora quello sarà l'universo di riferimento. È evidente che il concetto di sistema aperto permane in tutte le sue caratteristiche (Delli Poggi, 2019a; Delli Poggi, 2020).

[18] P.es. "genere: Maschio M = 0; Femmina F = 1"; "titolo di studio: nessuno = 0; elementare = 1; licenza media = 2; diploma/licenza superiore = 3; laurea = 4 (…)"; oppure "attività-occupazione: non occupato = 0; studente = 1; impiegato = 2; operaio = 3; insegnante = 4 (…)". Le variabili di questo tipo sono classificabili e definibili a discrezione del ricercatore in modo che rispondano alle sue esigenze conoscitive.

[19] P.es. "religione: cristiana cattolica = 1; cristiana luterana = 2; cristiana evangelica = 3; islamica sciita = 4; islamica sunnita = 5; ebraica = 6 (…)". Ma anche le singole risposte inerenti il fenomeno indagato e che il ricercatore a costruito e posto nel suo questionario come, p.es.: "Quante volte si reca alla SS. Messa? 1. Tutti i giorni; 2. Una volta a settimana; 3. Una o due volte al mese; 4. Nelle Festività annuali; 5. Mai". Oppure anche: "Suo figlio pratica sport?" ovvero qualsiasi altra che sarà pre-concettualizzata e codificata dal ricercatore.

ogni variabile considerata, mentre la variabile (la caratteristica) *è raccolta* verticalmente per tutti i casi dell'universo considerato[20].

L'esempio qui di seguito darà un'idea elementare della matrice dei dati per i fini della ricerca nella scienze sociali.

Soggetto	Genere	Età	Titolo	Attività	Religione
Aisha	1	26	4	2	4
Bruno	0	35	2	3	1
Caterina	1	18	3	1	3
David	0	29	4	4	6

A questo punto, quando cioè la matrice è completa, i risultati saranno elaborati per variabili in forma monovariata (p.es.): l'universo considerato è composto per il 50% da maschi e per il 50% da femmine. Oppure bivariata: il 50% dell'universo considerato (diviso equamente tra femmine e maschi) possiede una laurea; il 25% possiede un diploma e il 25% possiede la licenza media. Oppure e ancora: le femmine presentano un livello di istruzione (4 e 3) mediamente più alto dei maschi (4 e 2), e così di seguito con tutte le possibili relazioni tra variabili.

Ovviamente le autentiche matrici che sono costruite in una ricerca sociologica sono enormemente più grandi, con migliaia di casi e centinaia di variabili e i risultati sono molto più ampi. Le elaborazioni sono fatte con sistemi computerizzati quali, per esempio, SPSS.

---

[20] Il discorso sulle variabili e in generale sui modi di elaborazione dei dati quantitativi è molto più lungo e tecnicamente profondo, e implica la statistica come disciplina scientifica a sé stante. Gli interessati a tali approfondimenti possono rivolgersi per questa conoscenza ai manuali di statistica applicata alle scienze sociali. Per gli stessi fini i manuali più specifici di metodi e tecniche della ricerca sociale sono consigliabili a chi volesse approfondire la conoscenza dei modi di raccolta, elaborazione, analisi e sintesi con metodo quantitativo (detto anche standard e/o standardizzato).

Ciò non toglie però che la logica di base sia questa e che sia applicabile anche per descrivere e analizzare universi più ristretti quali la propria associazione, la scuola e simili.

Dall'altro versante, opposto nella sua metodologia ma complementare per le finalità conoscitive, troviamo il metodo o approccio qualitativo che tenta la conoscenza dell'universale attraverso la conoscenza del singolare. Descrive verbalmente il soggetto-oggetto non con i numeri reali e con numeri di codice, ma privilegiando l'osservazione e l'ascolto e dunque una sorta di interpretazione del senso (Cipriani, 2006: 13-27).

Qualità, dunque, non significa metodo migliore, ma solo che l'analisi entra nell'unità (individuo o gruppo) cercando di interpretarla. In questo sono anche intuitivi i maggiori rischi di manipolazione o incomprensione, anche se questi non lasciano indenne il metodo quantitativo. Qualitativo è dunque un'espressione diversa dalla precedente sottolineando che *Ego* è diverso da *Alter*, cioè ($1 \neq 1$).

L'interpretazione avviene, esce potremmo dire, dalla lettura di un testo (diario, lettera ecc.) o dall'ascolto di un'intervista (successivamente trascritta). I punti cardine del testo (scritto, parlato, visuale ecc.) sono i punti che interessano il ricercatore. Quei punti che possono dare la risposta alla domanda cognitiva che ha mosso la ricerca.

Schematicamente si può esemplificare con una immaginaria ricerca sulle relazioni interpersonali.

Si immaginino Tiberio e Gaio, due individui qualsiasi, e si immagini una domanda di qualità:

«Mi parli della tua famiglia?»
Tiberio.   La mia famiglia è $[A, a_1, a_2, \dots a_i, \dots a_n \dots z_{x-1}, Z_x]$
Gaio.   La mia famiglia è $[A, \alpha_1, \alpha_2, \dots \alpha_i, \dots \alpha_n \dots z_{x-1}, \Omega_x]$

Si avrebbero forse risposte simili, ma mai uguali e meno che mai identiche. Forse della stessa natura, ma sempre raccontata in modo diverso. Quei contenuti sarebbero diversi anche se Tiberio e Gaio fossero due fratelli $(1 \neq 1)$.

Ora si immagini una domanda di quantità con risposta chiusa:
«Quale è per te il gruppo di persone più importanti tra ...»
1. I colleghi.
2. Gli amici.
3. La famiglia.

Tiberio.   La famiglia [3]
Gaio.   La famiglia [3]

Queste due risposte concettualizzate *ex-ante* dal ricercatore (colui che ha redatto il questionario ipotizzando che la famiglia occupi un posto nelle relazioni interpersonali, così come i colleghi e gli amici) ormai sono uguali, anche se Tiberio e Gaio fossero due estranei $(1 = 1)$.

Da qui in poi si possono contare i numeri, cioè le risposte con lo stesso codice (in questo caso) così da compiere descrizioni, spiegazioni e comunque generalizzazioni inferenziali che nell'esempio dato sono sintetizzate dal risultato:

$$1 + 1 = 2; \ 2/2 = 1 \rightarrow 100\%$$

Si potrà così affermare (nel nostro esempio) che: «la totalità dell'universo di campionamento ritiene la famiglia il gruppo di persone più importanti».

Come s'è detto sopra riguardo al circolo virtuoso tra teoria e ricerca, questi punti posso emergere anche non cercati. Perché il testo di un'intervista qualitativa, di solito più ampio e più libero, può contenere e portare informazioni che il ricercatore non si aspettava.

Questo avviene spesso quando soprattutto si fa ricerca su e dentro fenomeni poco conosciuti, dei quali è possibile che il ricercatore (o le persone che lo circondano come professionisti o altro nel suo lavoro) non abbiano conoscenza.

Ovvero, detto altrimenti, di cui è possibile che abbiano anche un giudizio di valore, un pregiudizio, un etichettamento o un luogo comune in termini volgari (Delli Poggi, 2019a; Delli Poggi, 2020).

Un esempio di estrarre dati da un testo qualitativo è il seguente:

"Credo in Dio in Gesù in tutto ciò che può riguardare la religione, ma credo anche che ognuno di noi abbia un destino" e "penso che siamo destinati o guidati da qualcuno che ha deciso [*sic*] nel bene e nel male giusto o sbagliato" (*contra* CCC, 311, 1731); altre negano il sacramento dell'Ordine "io non ci credo perché [*sic*] uomo sono io e uomo sei tu [il sacerdote]", "Quindi preferisco sì andare a Messa ma non passare da intermediario per il prete ma pregare direttamente con Dio" (*contra* CCC, 1536); altre negano la divinità di Gesù e con essa la SS. Trinità: "credo che Gesù sia esistito, che sia stato un grandissimo Profeta e non credo sia figlio di Dio", "io non credo proprio alla storia, fatta di questo tizio [Gesù] che ha doti magiche, assolutamente no, che cura la gente, l'acqua, la benedizione" (…) "No, non c'è parentela per me [tra Maria e Gesù]" (Delli Poggi, 2019b).

Ovviamente le parti del testo che sono state analizzate ed estratte prendono senso in funzione della domanda di ricerca alla quale si voleva rispondere (in questo caso: *Profili di cattolici in Italia*).

Proprio nel caso che abbiamo portato ad esempio, infatti, la domanda cognitiva si poneva sull'essere cattolici nella pratica rispetto alla dichiarazione di sentirsi o ritenersi tali.

Un questionario non può scendere a tale profondità proprio perché quasi totalmente è un solo uomo (il ricercatore costruttore del questionario) che deve estrarre le risposte che invece sarebbero generate anche da migliaia di altri uomini: *una differenza di conoscenza reale del fenomeno* che difficilmente un *brainstorming* in un tavolo di ricercatori può colmare.

Nella stessa ricerca che qui abbiamo portato ad esempio, nella parte quantitativa (questionario strutturato e standardizzato, dati 2017)[21] gli italiani che ancora "sentono" (A2) di appartenere alla religione cattolica risultano il 76% del totale degli intervistati. Il nostro campione nella parte qualitativa della ricerca, pur non essendo statisticamente rappresentativo, tenderebbe a mostrare che questa percentuale scenderebbe di fatto a non più del 30%, producendo quelli che abbiamo definito con il termine cattolici-non-cattolici, vale a dire di coloro che si sono dichiarati cattolici, ma nella pratica osservante e nella liturgia non lo sono affatto[22].

Per concludere sul piano pratico questa comparazione, quindi sul piano reale della vita quotidiana dove opera il professionista del sociale e non nell'agone, spesso vacuo, del dibattito metodologico, s'immagini

---

[21] Subito diamo il senso di questi due termini: 1) la strutturazione dà conto del livello di elasticità-rigidità della traccia o serie di domande, per esempio tra domande con risposta aperta e domande con risposte chiuse; 2) la standardizzazione dà conto del livello di uniformità della domanda (o stimolo) posta a ogni diverso intervistato. La tipica domanda altamente standardizzata è quella del questionario in cui i soggetti ascoltano (somministrazione) o leggono (auto-somministrazione) la domanda esattamente negli stessi termini.

[22] Va detto che poi anche l'analisi nella parte quantitativa della ricerca giunge per altri versi (ma successivamente) a un risultato simile.

il testimone che agisce allo stesso modo in tutta la storia investigativa e giuridica.

L'intervista, se così la si vuole chiamare per paragone l'interrogatorio del testimone, è di tipo qualitativo e la risposta può generare e genera l'incriminazione o il proscioglimento, la condanna o l'assoluzione.

Se questo è tanto "vero" cioè ha effetto causale nella vita reale, allora può trovare piena legittimità anche nella ricerca sociale visto che spesso le decisioni dei professionisti dipendono da quei risultati.

3.5 Metodi misti

Per la ricerca con metodo quantitativo, l'essere uguale o corrispondente, non significa affatto essere banalmente approssimativi nella definizione delle variabili, ma solo che – quando si tratti, per esempio, di interviste con questionario strutturato e standardizzato – le risposte dei soggetti analizzati sono state (quasi tutte) *pre*-concettualizzate e maggiormente uniformate, e che poi, traslate in numeri, nella successiva analisi sono trattati e sfruttati come tali.

Sgombriamo dunque il campo dalla falsa antinomìa e dall'inutile diatriba che ha invaso e ancora invade il terreno del dibattito metodologico e diciamo che si tratta di due modi che non sono opposti, ma semplicemente diversi, a volte anche complementari per giungere alla risposta della ricerca. Due modi che non sono necessariamente alternativi. Due modi che servono per studiare la società secondo gli innumerevoli criteri che il ricercatore decide di applicare o di tenere in considerazione, compreso un non trascurabile buon senso. Sono modi-metodi che potremmo anche far confluire in uno solo: *fare ricerca*.

Quale è l'oggetto e il fine di una data ricerca? Quali sono le competenze del ricercatore? Quali sono le esigenze del committente della ricerca? Quali sono le risorse di ogni tipo?

Sono domande che corrispondono a condizioni e che dunque implicano le scelte del metodo e della conduzione della ricerca.

Le risorse, per esempio, sono una serie di condizioni determinanti, spesso innumerabili perché in un sistema tutto può concorrere a uno scopo, un fine, un obiettivo. Può accadere infatti che la risorsa tempo sia limitata e che il professionista debba trarre le sue conclusioni anche tralasciando alcuni possibili particolari.

Anche le competenze sono una risorsa. Lo è ovviamente il denaro in quanto finanziamento che consente di comprare strumenti e tecnicalità, quindi anche le competenze di altri professionisti-ricercatori, magari quelle di un buon analista del programma SPSS. Il tempo, come detto, è anche una risorsa, perché stabilisce quando il risultato deve essere consegnato, e questo anche a dispetto di una ipoteticamente illimitata massa di risorse finanziarie, tecnico-strumentali o altre.

Detto altrimenti, anche se è la prima a cui si deve dare risposta per iniziare una ricerca, la domanda cognitiva non è la sola che determina come-fare-cosa. Certamente questa è il *prius* temporale di ogni atto di ricerca. Senza la domanda non può esistere ricerca perché semplicemente non c'è nulla cui dare risposta. Ma subito dopo che la domanda di ricerca ha fornito il cosa-fare-come, diventa necessario stabilire se quella strada segnata è percorribile fattivamente, cioè se si hanno le risorse (come sopra) che consentono di percorrere quella strada.

Se non si hanno risorse che lo consentano, allora si dovranno cercare alternative al *cosa* e al *come* svolgere la ricerca, e se non ci sono alternative, allora bisognerà rinunciare.

Un esempio paradossale, forse banale, ma che proprio perché tale chiarifica l'idea di quanto appena detto, è il censimento dell'Istat della popolazione[23]. Un ricercatore, per quanto preparato, non può nemmeno immaginare di condurre una tale rilevazione, e questo non solo per le risorse materiali che tuttavia la tecnologia digitale sta riducendo moltissimo, ma per quella innumerevole serie di risorse diverse di cui abbiamo dato cenno.

Tra queste, ancora per esempio, esiste l'obbligo legale di rispondere ai questionari, imposto dallo Stato italiano (art. 7 D.lgs. n. 322 del 6 settembre 1989) proprio in favore dell'Istat. Un obbligo senza il quale nemmeno l'Istituto otterrebbe i risultati che ottiene.

Allo stesso modo, è quindi impensabile poter condurre una ricerca qualsiasi dentro un istituto scolastico senza una relazione con chi dirige quell'istituto e la collaborazione-partecipazione dei membri dell'organizzazione. Coloro che applicheranno queste attività di ricerca si accorgeranno presto come anche una relazione sociale può diventare una risorsa quando, per esempio, qualche docente deve rinunciare a ore preziose di lezione per mettere una classe a disposizione del ricercatore.

Qualitativo e quantitativo: cosa e come, dove e quando, e quanto fare. Ecco che quindi riappare una nuova e vecchia frontiera, cioè quella conosciuta oggi come Metodi misti (*Mixed methods*).

Una nuova e vecchia frontiera se è vero, come è vero, che:

"Non esiste un solo atto, una sola decisione di ricerca, che non sia un'inestricabile mix di qualità e quantità" (Campelli, 1996: 30).

Infatti, come ricordano Enrica Amaturo e Gabriella Punziano, riferendosi a Lisa D. Pearce (*Mixed Methods Inquiry in Sociology*, 2012), già "l'idea di un progetto di ricerca *multi-methods* ha radici lontane"

---

[23] Il censimento, prima decennale oggi permanente, è uno tra i tanti prodotti dall'Istituto centrale di statistica e che toccano ogni campo della vita del Paese. A tali fonti, per ottenere dati anche non elaborati, si attinge in vari modi e procedure.

che emergono molto prima di ciò che oggi ha il nome di *Mixed methods* (Amaturo, Punziano, 2016: 46).

Ancora una frontiera nuova e vecchia per la quale nel 2007 Johnson, Onwuegbuzie e la Turner ne hanno tentata una definizione unitaria in mezzo alle diciannove (non esaustive) proposte dagli altrettanti (ritenuti) maggiori specialisti di questi metodi (Johnson, Onwuegbuzie, Turner, 2007; Amaturo, Punziano, 2016; Mauceri, 2017).

Come abbiamo discusso in altri luoghi (Delli Poggi, 2019a), avere molte definizioni di qualcosa significa averne nessuna. E questo significa praticamente che per quanto i *debater* si dibattano sulle sponde del lago delle ragioni metodologiche, la ricerca sociale *non ha un metodo univoco* nel senso di certo e indiscutibile, seppure con diverse tecniche e opportuni strumenti.

Significa che il sociologo non produce trinitrossipropano, noto col nome di nitroglicerina, la cui procedura deve essere seguita praticamente alla lettera e la cui instabilità è altissima, tanto da essere una procedura ad altissimo rischio. Se il sociologo facesse ricerca sociale con gli stessi rischi con cui il chimico produce nitroglicerina, non sarebbero in molti a testimoniare le procedure eseguite.

Significa dunque che ogni metodo è buono (e ancora nessuno escluso fino a prova contraria) *se e solo se* conduce a risultati validi, cioè applicabili nella vita reale. Risultati che diano risposta alla domanda posta e quindi soluzione al problema.

E questo, altresì, non significa obbligatoriamente dover adottare la ricerca azione di Kurt Lewin (anche se certamente non può essere vietata), ma nemmeno significa che quei risultati restino sospesi in una giostra che giri nel vuoto. Una giostra che dà non poca consistenza all'affermazione di Marradi sulla produzione di scienza senza senso (Marradi, 1985: 186).

Dall'altro canto, per quanto detto, il metodo misto investe in pieno l'intera ricerca sociale in tutti gli aspetti fondamentali; ricerca intesa nel senso più ampio possibile, quindi anche quella che coinvolge le scienze individuali. Non una terza via, dunque, ma un'autostrada che una volta (*e se*) realizzata, per mantenere questa metafora, potrà essere certamente percorsa a diverse velocità, ma che altresì dovrebbe diventare di fatto l'unica strada percorribile, tanto da far apparire la qualità e la quantità, quando intese ancora separate e distinte, come arterie secondarie del complesso. Cioè come raccordi di quella stessa autostrada.

Una situazione che quindi fa apparire il qualitativista e il quantitativista come remote e nostalgiche figure cui proporre però *un nuovo ruolo parziale* – che non significa inutile o secondario – all'interno della ricerca. Nuovi tecnici altamente qualificati per un nuovo lavoro altamente tecnico, poiché serve un'elevata τέχνη per svolgere una valida intervista, attenta a tutti gli aspetti, sia questa con la somministrazione di un questionario o con la profondità di un colloquio o nell'intimità di una narrazione.

Una capacità, tra l'altro, che molto somiglia alla lezione di Marradi quando, citando Bogdan e Taylor (1975: 114), afferma "l'arte del *probe*", quando cioè l'intervistatore "(…) «deve *probe* [sondaggio in profondità] per i particolari della vita e delle esperienze del soggetto» (…)". Pilotare e arricchire l'intervista andando anche oltre a un significato estensivo del termine, con "ogni intervento suggerito all'intervistatore dal particolare andamento di una specifica intervista." E siccome "il *probe* ha natura contingente, non è concepibile una lista scritta di *probes*" (Marradi, 2005, p. 189).

È quindi tutt'altro che facile anche solo fare un'intervista, che parrebbe pressoché alla portata di tutti mentre, invece, è il primo colpo di piccone per l'estrazione di quel materiale da cui poi tutti, ricercatori, analisti e autori, dipenderanno in sequenza.

Un lavoro, infine, che sia coordinato (presumibilmente) da un gruppo effettivo di abilità e da un insieme effettivo di competenze. Qualcosa che sia però diversa da quelle idee d'interdisciplinarietà o di multidisciplinarietà cui la ricerca sociale ha dato spirito ma senza averle dato il corpo.

Tutti questi elementi e altri ancora, come anche questi discorsi condurranno il ricercatore a scegliere il suo disegno di ricerca, a elaborare il suo progetto e poi a implementarlo secondo un metodo oppure un altro, oppure, usandoli entrambi, inserendo alcune tecniche piuttosto che altre, stabilendo le proprie procedure.

Resta dunque inteso per il neofita (ma non solo) che nessuno, tranne la propria logica dell'indagine, il proprio livello di competenze e in definitiva il buon senso di scienziato, può prescrivere di usare o non usare ognuno dei due metodi con le tecniche più diverse e gli strumenti più idonei. Lo scopo principale, infatti, resta quello di ottenere dati validi e attendibili che ripetendosi, cioè essendo attesi, supportino le scelte sostenendo, confutando, rinnovando o anche generando la teoria.

Questa teoria, infine, in ognuna di queste quattro risultanze, ci fornirà nella prassi l'orientamento per la spiegazione del fenomeno e la possibile soluzione del caso e anche l'approccio a casi simili.

Se poi il nostro discorso sul circolo virtuoso tra teoria e ricerca è valido, allora è valida anche la scelta arbitraria del ricercatore di iniziare da qualsiasi punto, purché giunga al *mantra* dei risultati validi.

In questo senso egli potrebbe procedere anche secondo il classico metodo di porre o rilevare il problema, studiare e formulare le ipotesi ed effettuarne la verifica affinché, di nuovo, sia data la spiegazione o la soluzione.

Oppure, come in alcuni casi della *Grounded Theory*, egli può orientarsi verso l'idea che la teoria può essere fondata direttamente sui dati, piuttosto che costruita col procedimento classico appena dato sopra. Potrebbe, perciò in questo caso, scendere sul campo per raccogliere con i metodi, le tecniche e gli strumenti che ritiene più appropriati quei dati orientativi che Blumer chiamò i "concetti sensibilizzanti", che possono essere usati all'avvio, salvo il *ri*-orientamento, ma senza esserne condizionati (Cipriani, 2003, 2006; Cardano, 2003, 2007). Oppure e ancora, potrebbe iniziare con una *ricerca di sfondo* da cui raccogliere le illuminazioni per la formulazione teoretica delle ipotesi guida.

Diversi punti per diverse soluzioni che non devono produrre instabilità e sospetto di confusione, né la sensazione di un anarchismo metodologico in senso volgare che consenta qualsiasi iniziativa, perché una ricerca sbagliata fornisce dati sbagliati che conducono a soluzioni sbagliate. Si tratta invece di quelle tante possibilità che ci sono consentite per produrre soluzioni diverse, ma che siano soluzioni in quanto tali.

Infatti, una soluzione non corretta non è una soluzione.

Questa che qui sembrerebbe disordine, è invece una cosa del tutto ovvia se pensiamo alla matematica, al suo essere solo in apparenza unica, assoluta e tetragona, mentre invece è in grado di fornire diverse soluzioni allo stesso problema posto.

"Ogni ricerca è un lungo sentiero con molti bivi e diramazioni, e a ogni bivio deve essere presa una decisione [...]. Nessuna regola, nessun algoritmo può dire qual è la decisione giusta [...]. Più il ricercatore concepisce il metodo come una sequenza rigida di passi, più decisioni prenderà senza riflettere e senza rendersene conto" (Kriz, 1988; Cardano, 2003, 20079.

Su questo non possiamo che essere d'accordo.

E ancora in questo senso, Donatella della Porta e Michael Keating sostengono che:

"Social science must never become prisoner of any orthodoxy and must continually renew itself by learning from other disciplines and from new developments, and by re visiting its own past. This is not to say that we believe that 'anything goes' or that researchers can mix and match any idea, approach, theory or method according to whim. Methodology is important, intellectual rigour is essential within all approaches, and clarity and consistency are vital" (Della Porta, Keating, 2008: XV).

Abbiamo citato anche il buon senso perché, pur senza addentrarci nel dibattito, il ricercatore – scienziato sociale o professionista – deve in qualche modo sottostare anche ad altre variabili che determinano o possono determinare le scelte in una direzione o nell'altra.

Vogliamo sottolineare di nuovo un particolare che ancora una volta riguarda le risorse di cui abbiamo trattato, che valgono in *quantità e qualità* a seconda delle determinazioni possibili.

Questo ci fa riaprire per un momento la strada al problema delle esigenze del committente della ricerca. Se, infatti, come spesso accade, è una terza parte a commissionare la ricerca, quindi una parte cui si è sottoposti (pur entro certi limiti etici, legali e professionali), gli interessi di quella parte peseranno in qualche modo sulle scelte del ricercatore.

Detto altrimenti, è ingenuo pensare allo scienziato di ogni specie come a un libero pensatore e titolare assoluto di una ricerca altrettanto libera.

Ma questo non riguarda solo le comunità scientifiche propriamente dette. Un assistente sociale, o un educatore, oppure, come siamo ormai consueti chiamarlo, un professionista del sociale, è soggetto anch'esso a questi condizionamenti. Lo è anche come semplice appartenente a una qualsiasi associazione che è comunque un'organizzazione sociale con le sue norme. Le scelte, anche quelle dell'analisi di un caso o di un gruppo, sono un fatto della vita sociale e quindi soggetta alle condizioni più mutevoli. Sono cioè condizionamenti interni ed esterni, spesso coercitivi, a volte in conflitto con le volontà e gli intendimenti personali. È anche per questo, per avere almeno una traccia comportamentale sempre presente, che si hanno codici professionali, etici e morali, quando addirittura non siano codificati in codici deontologici.

Insomma, per essere ancora più chiari, non si può pensare di vivere in una *societas* senza farne parte, confrontandosi con tutto ciò che questa produce e dovendo comunque negoziare in qualche misura la propria esistenza in essa.

3.6 Le tecniche

Il termine e il concetto di tecnica, deriva anch'esso dal greco τέχνη, tradotto in latino con *ars*, arte. In senso generale è la capacità che una persona possiede di realizzare qualcosa. Si tratta, perciò, delle regole, delle disposizioni e dei procedimenti per svolgere un'attività. Sono le norme della pratica: tecnica è sinonimo di procedimento.

La tecnica o in questo caso *le tecniche*, rispondono al criterio letterario di Cicerone e di Tommaso d'Aquino, dunque per prima alla domanda: *Quomodo?* Come? In che modo?

Trattandosi del sintagma ricorsivo dell'agire (Delli Poggi, 2013: 41), le otto domande si riprodurranno anche intorno a quella che in questo caso è la principale: in che *modo* e con quale *strumenti, chi* farà *cosa, quando, quanto, dove* e *perché*?

In che modo, perciò, rileveremo i dati che occorrono (qualitativi, quantitativi o entrambi) affinché si possa poi dare la spiegazione del fenomeno, oppure la descrizione, la soluzione del problema o la diagnosi del caso?

Quindi, in questo senso e in breve, *con quale tecnica?*

L'esperimento, l'osservazione diretta o quella partecipante? Il *focus group* o i documenti biografici, sociografici oppure economici o statistici? Le narrazioni, i racconti o le storie di vita? Le scale di valutazione sociologiche, psicologiche o anche mediche? Oppure sceglieremo l'intervista, in qualsiasi delle sue forme, e quindi per raccogliere dati qualitativi o quantitativi?

Queste e altre tecniche rappresentano il modo in cui saranno raccolti i dati, secondo le esigenze, in funzione di scopi, obiettivi e risorse per dare risposta alla domanda di ricerca. Ognuna di queste indicherà i procedimenti (più o meno liberi) da eseguire, secondo le regole dettate dalla conoscenza e dall'esperienza in migliaia di ricerche che negli anni hanno costruito e costituiscono il patrimonio della ricerca sociologica e sociale, e sono quindi l'insieme delle norme procedurali. Norme, però, che soggiacciono sempre all'intelligenza e alla conoscenza del ricercatore e quindi anche alla sua capacità d'utilizzare, adattare, modificare o costruire le tecniche stesse.

Presentiamo adesso alcune semplici linee teoriche che consentiranno di sperimentare sul campo, cioè in forma di applicazione.

3.7 L'intervista

Si può dire, per iniziare, che già la sola intervista propriamente detta (la regina delle tecniche di ricerca sociale) può essere scelta, progettata ed eseguita in vari modi.

Si eviterà, dunque, di descrivere minuziosamente questi diversi modi perché sono qualcosa che possono essere poi variati singolarmente dal ricercatore sul campo. Per quanto infatti si voglia presumere di standardizzare una procedura nel tempo, lo scienziato sociale sa bene (o dovrebbe sapere) che il suo campo muta continuamente ed è diverso ogni volta: riprodurre la stessa identica ricerca in tempi diversi non solo è impossibile, ma non è neppure garanzia di misurazione, di attendibilità o di validità.

Si punterà pertanto alla comprensione della logica tentando di ritrovarla poi tra gli esempi e le descrizioni che seguiranno.

Dunque l'intervista, per definizione, è un rapporto dialogico

Un prefisso (dia) che evoca il concetto di «attraverso» o «per mezzo di», così come può indicare «distinzione» o «separazione». In questo senso dialogo può stare sia per fare qualcosa, giungere a un risultato o compiere un atto «attraverso la parola o discorso», così come può stare per «discorso tra (almeno) due persone».

Il senso comunque è chiaro: qualcuno (il ricercatore) domanda a qualcun altro (il soggetto scelto dal ricercatore) la risposta (che quel soggetto è o dovrebbe essere in grado di fornire).

È persino banale sottolineare che il ricercatore dovrà identificare i suoi soggetti nel campo di interazione di riferimento, nella presunzione che lì troverà i dati che, elaborati in qualche modo, gli restituiranno la risposta alla domanda cognitiva. Quei soggetti diventeranno le fonti (v.) e svolgeranno la funzione descritta sopra.

L'intervista a sé stessi è quindi una contraddizione in termini non solo perché si produrrebbe al massimo uno pseudo-dialogo, ma anche perché i dati che eventualmente quel soggetto potrebbe dare sono già a sua conoscenza.

Questa sottolineatura non è stata ovvia, perché rientra tra le linee teoriche, e con essa si arriva a comprendere che una parte della scelta che il ricercatore compie per identificare i suoi soggetti (il metodo, la tecnica e lo strumento da usare) dipende anche dalla conoscenza che il ricercatore ha del fenomeno che vuole indagare.

Posto in questo modo il problema, diventa consequenziale comprendere che l'intervista può essere svolta in ogni modo possibile tra quelli che possono essere considerati e compresi nei rapporti dialogici.

Secondo una nomenclatura sufficientemente tipicizzata, in qualche modo utile per darle uno statuto unitario, l'intervista può essere svolta nella forma del colloquio, dell'intervista libera, oppure focalizzata, direttiva o strutturata-standardizzata.

Ognuna di queste forme (o tipi) si diversifica per ciò che qui chiamiamo la *diversa intensità* con cui il ricercatore pone le domande, intendendo per tale intensità sia la *frequenza* delle domande, sia la *libertà* di risposta dell'intervistato e quindi anche il tempo che gli è lasciato per rispondere.

La *frequenza* è data dalla velocità con cui le domande si susseguono. Se è alta, daremo meno tempo all'intervistato di elaborare una risposta e questa, forse, potrebbe essere più spontanea, ma altresì le continue interruzioni potrebbero impedirgli di esprimere tutto quello che vorrebbe dire o che sta tentando di dire. Cioè, soprattutto quando l'intervistatore è inesperto e formato alla bene e meglio, i suoi interventi possono *sincopare* il parlato dell'intervistato che, invece, è quello che interessa. Interrompere il flusso comunicativo è comunque un errore (a prescindere dal tipo di intervista) quando il dialogo sia tale, cioè portatore di dati.

Tali interventi, inoltre, comportano spesso il suggerimento del termine che l'intervistato, magari in un momento di pausa, sta cercando mentalmente. Il problema qui è lo stesso: se quello che si cerca sono le informazioni che l'intervistato dà, e lo fa per mezzo delle parole, quelle parole non possono essere suggerite come a chiudere la frase. Nella difficilissima operazione di comunicazione, anche la parola più semplice può avere diversi significati tra due individui, così il suggerimento di un termine che appare ovvio, può avere un senso per *Ego* e un altro senso per *Alter*. Questo è importante tenerlo presente quando sarà proprio *Alter* (il ricercatore, domandante, intervistatore) che come spesso accade lascerà quel ruolo e si trasformerà in analista, cioè colui il quale dovrà dare senso a quei termini.

La *libertà*, invece, attiene al fatto che la risposta può essere *aperta* (risposta libera) oppure *chiusa* (serie di risposte *pre*-codificate tra cui scegliere). E questo è proprio il livello di *strutturazione* e *standardizzazione* con cui impostare e realizzare una qualsiasi intervista. Questo può arrivare fino alla forma di struttura perfettamente chiusa (alta standardizzazione), priva d'ogni risposta aperta, quando si tratti di un'intervista specificamente quantitativa, cioè somministrata con lo strumento del questionario standardizzato.

In questo senso, la strutturazione di un'intervista, ovvero di una domanda, è data dal fatto che al rispondente sia richiesta una risposta che può andare entro un *range* tra:

1. Risposta aperta, libera e ampia a volontà, riferita solo al tema in discussione (minima o nulla strutturazione).
2. Risposta chiusa, scegliendo tra quelle che gli sono proposte (massima strutturazione).

Un questionario altamente standardizzato presenta evidentemente la minor libertà possibile per entrambi i due soggetti, sia per l'intervistato che dovrà rispondere alle singole domande prescritte, sia per l'intervistatore che porrà quelle specifiche domande, pur mantenendo la possibilità di *probe* (Marradi, 2005).

In altri termini, in qualsiasi tipo di intervista, una domanda con risposta aperta lascia l'intervistato molto più libero, mettendo però il ricercatore (quando passa nel ruolo dell'analista) nella condizione di dover entrare maggiormente nel senso della risposta (*versante del metodo qualitativo*). All'opposto, una serie di domande con risposte chiuse implica quella minore libertà dell'intervistato e una molto minore o addirittura nulla interpretazione di senso da parte del ricercatore (*versante del metodo quantitativo*).

In realtà, come accennato, questa tipizzazione delle domande non è assoluta in nessun caso nelle ricerche sociali. Infatti, anche nel caso della ricerca con metodo quantitativo è già avvenuta una arbitraria interpretazione nel momento in cui è stato costruito il questionario mediante la non facile operazione di *pre*-concettualizzazione e *pre*-codifica delle domande e delle risposte.

Quando un ricercatore costruisce il suo questionario, oltre alla domanda deve formulare anche le risposte. Le risposte chiuse, infatti, sono proposte di risposta tra le quali l'intervistato sceglie. Dunque, quando un ricercatore formula domande e risposte nella costruzione del questionario lo fa essenzialmente, ma non esclusivamente, secondo le esigenze di risposta alla sua domanda cognitiva, quindi secondo il suo interesse scientifico o quello della committenza; lo fa secondo la sua conoscenza del fenomeno indagato, pertanto anche secondo il relativo livello di capacità per poter formulare quelle domande e quelle risposte. Lo fa secondo la sua esperienza pratica e quindi anche il livello di precisione, attenzione e conoscenza che può attendersi dai soggetti che ha posto nel suo campo di ricerca.

Se per esempio si stesse indagando sull'attività sportiva fisico-ricreativa nelle scuole di primo grado, si potrebbe formulare una domanda con risposte chiuse del tipo:

Fuori dall'orario dei giorni di scuola, quali di queste attività [suo figlio, sua figlia] pratica con regolarità presso centri sportivi o comunque seguiti professionalmente?
[Sono consentite anche più risposte]
   ☐ Nuoto   ☐ Palestra   ☐ Danza
   ☐ (...)   ☐ Nessuna   ☐ Altro [specificare]

È evidente che per allungare questa pur semplice lista è preferibile avere competenza del campo di cui si sta trattando per elencare, appunto, le possibilità reali.

È vero che esiste la risposta di sicurezza "Altro" (proprio per contenere quanto non eventualmente previsto), ma se gran parte delle risposte finissero su quella casella, ovvero fossero elencate molte altre attività, sarebbe evidente che la formulazione delle risposte risulterebbe carente e quindi insufficiente, e in definitiva errata[24].

Si può dunque dire senz'altro che il questionario può essere strutturato e reso standardizzato in quanto *strumento*, ma purché non si tratti di mere rilevazioni statistiche, non si può invece dire che la domanda e soprattutto la risposta non abbia subito un processo interpretativo, di selezione e di scelta che sarà poi proposto all'intervistato.

A sua volta l'intervistato recepirà i termini della domanda e della risposta sempre secondo la propria interpretazione di senso. E questo rischio aumenta quando il questionario è proposto in modo autosomministrato, cioè quando l'intervistato è lasciato solo senza il supporto della presenza dell'intervistatore che, all'occorrenza, può chiarire quei punti eventualmente dubbiosi[25].

Domande e risposte molto più complicate del banale esempio dato sopra vengono formulate nelle attività di costruzione di un questionario, e chiunque abbia avuta un'esperienza da intervistato sa bene che non sempre le risposte offerte (*item*) rispecchiano esattamente la risposta che si sarebbe voluta dare a quel tipo di domanda, trovandola a volte

---

[24] Nei casi in cui la conoscenza del fenomeno non sia sufficientemente valida si può adottare la strategia della "ricerca di sfondo" proprio per raccogliere le prime ma sostanziali informazioni per orientare il disegno e il progetto definitivo della ricerca.

[25] Oggi sono usati moltissimo i sistemi digitali in remoto, sia da parte dei grandi istituti di ricerca pubblici o privati, sia da parte di ricercatori anche autonomi. Sono molto numerose le imprese che forniscono questo servizio a molti livelli di completezza e di prezzo. La stessa Google mette a disposizione gratuitamente un livello minimo della sua applicazione «Moduli» con la quale è possibile costruire e autosomministrare diversi tipi di questionari, quiz, test e altro. Questo consente anche al neofita o alla piccola organizzazione di produrre autonomamente le proprie ricerche, ma tuttavia produce un'infinità di neo-ricercatori spesso privi di competenze che non siano quelle date dal buon senso dell'osservatore della vita reale.

non esaustiva o non rispondente a pieno alla sua condizione, a volte ritenuta formulata male e a volte perfino irritante.

Infatti, se trattiamo variabili cardinali, come per esempio, l'età, l'altezza, il reddito e simili, queste sono già numeri di per sé e non richiedono alcuna interpretazione ovvero una ridottissima e quasi nulla interpretazione se la domanda è formulata con precisione e senza ambiguità.

Infatti, se si cercasse il livello reddituale di un dato gruppo e si ponesse soltanto la domanda «*A quanto ammonta il suo reddito?*», l'intervistato potrebbe chiedersi se si intende conoscere il reddito lordo o netto, annuale o mensile o altro, se solo da lavoro dipendente o professionale oppure compresi anche altri redditi (da capitale, da immobili o altro). E questo già determina una parte dell'interpretazione dell'intervistato.

La domanda, quindi, dovrà essere formulata nel modo più chiaro, completo e comprensibile. Costruire un questionario con domande che abbiano senso univoco per chiunque è di fatto impossibile. L'assoluto-assoluto non esiste se non in un universo in tensione tra relativo e assoluto stesso, ed è quindi giocoforza approssimarsi quanto più possibile. Si tratta di un'alchimia non facile perché questo implica un altro rischio, cioè quello di estendere la domanda così da renderla lunga (se non contorta) e anche noiosa per l'intervistato (modo autosomministrato) che potrebbe essere tentato di leggere velocemente per giungere alla fine del questionario.

Tutt'altro che facile, quindi, pensare di costruire un questionario efficace senza studio teorico ed esercitazione pratica.

Questo anche solo per una variabile cardinale come il reddito.

Per alcune variabili nominali la cosa dovrebbe apparire più semplice, per esempio il sesso, nelle due modalità «maschio-femmina», anche se molti pretendono di nominarle con un qual politicamente corretto ma impreciso «uomo-donna». L'essere maschio o femmina (rilevazione statistica), di là dall'ovvia differenza di genere, neppure dice qualcosa di più se non lo si lega al valore di essere uomo o donna in una determinata cultura, con possibilità o riconoscimenti diversi[26].

La cosa inizia a rendersi più difficile quando si tratta di variabili ordinali (esempio tipico è il titolo di studio).

Infatti, possedere una qualsiasi laurea non significa affatto avere immediatamente un equivalente valore di conoscenza o competenza, ma significa solo "essere laureato" (rilevazione statistica).

Quando poi entriamo nella cosiddetta *operazionalizzazione dei concetti*, la cosa si complica veramente molto di più, e dunque viene fuori anche la necessaria interpretazione del ricercatore quantitativo, cioè di colui che in questo caso sceglie le dimensioni, gli indicatori, le variabili e costruisce gli indici[27].

In questo senso, infatti, si immagini per esempio di aver ricevuto da un'azienda di trasporto pubblico l'incarico di trovare la risposta alla domanda di ricerca:

«Quale è il livello di qualità del servizio di trasporto pubblico urbano?»

È evidente immediatamente che non si tratterà di prendere un metro o un termometro quali strumenti per misurare e ottenere il risultato.

Sarà, invece, il ricercatore a stabilire – quindi a scegliere – *che cosa di misurabile* (per lo più arbitrariamente e convenzionalmente) può rappresentare quel concetto.

Sarà il numero delle vetture poste in circolazione e la copertura del territorio? Sarà la frequenza di passaggio alle fermate? Saranno i tempi

---

[26] Infatti non esistono il "genere uomo" o il "genere donna", ma esistono il "genere maschio-maschile" e il "genere femmina-femminile" (stati naturali), il che non implicano affatto di essere conseguentemente Uomo o Donna (stati culturali).

[27] Per uno studio approfondito dal punto di vista tecnico-quantitativo, vedi L. Cannavò, L. Frudà, *Ricerca sociale. Dal progetto dell'indagine alla costruzione degli indici*, Carocci, Roma, 2007.

di percorrenza? Sarà il *comfort*, cioè la condizione di manutenzione degli autobus e delle metropolitane, l'ordine, l'igiene e la pulizia? Sarà la data di costruzione e quindi la presenza di tipologie ergonomiche del mezzo viaggiante, la silenziosità, la climatizzazione? Sarà il sistema di rilevazione satellitare e di informazione alle fermate? Sarà il comportamento del personale che è quasi sempre estratto dagli strati medio-bassi della piramide sociale? Sarà il livello di rischio, di incolumità o di sicurezza nelle vetture e nelle stazioni, anche contro il rischio di aggressioni o violenze di ogni tipo?

Così, di seguito, questo e altro ancora possono essere stabiliti come indicatori che poi devono avere il loro metro di misurazione.

Ma già il *comfort* e l'ordine sono a loro volta concetti per cui si devono scegliere delle dimensioni che li rappresentino. Che cos'è confortevole secondo le preferenze e le utilità di *Ego*-1, *Ego*-2 o *Ego*-n?

E alla fine, ancora l'esempio dell'aria condizionata che di colpo fa passare il viaggiatore dai +40° del caldo cittadino esterno, ai +23° della carrozza della metropolitana: questo sbalzo è gradito a tutti? È quindi una condizione di conforto e benessere oppure di disagio, fastidio o addirittura malessere e rischio per la salute?

Per dirla diversamente su un argomento che richiederebbe ben più ampi spazi, dal *concetto* generale (astratto, incomprensibile, non immediatamente definibile per chi lo ricevesse come domanda diretta), si passa alle *dimensioni* che lo possono rappresentare, quindi agli *indicatori* che possono rappresentare e misurare quelle dimensioni, perciò alle *variabili* che sono e danno la misura stessa di quegli indicatori, e infine all'*indice*.

L'indice finale, per definizione, è un *indicatore di sintesi* di tutto il processo. Quell'indice restituirà *convenzionalmente* il valore di ciò che si è cercato, e quindi nel nostro esempio "il livello di qualità del servizio di trasporto pubblico urbano".

Bisogna dunque fare molta attenzione quando si afferma che il metodo quantitativo, presentando numeri, presenta anche e immediatamente una sorta di verità oggettiva perché, come s'è appena visto, la mano, la mente, le scelte, la volontà e quindi l'interesse e l'interpretazione del ricercatore esistono anche qui. E questo nonostante di alcuni metodologi che compiono azioni non-logiche "il che non vuol punto significare illogiche" (Pareto, 1916a: 81).

Stesso discorso quando si costruisce un questionario sulla religione o sul *welfare*, sull'associazionismo o su qualsiasi altro fenomeno sociale ancora più complesso, sia questo nel generale delle grandi ricerche nazionali, sia – molto più facilmente – nel particolare del piccolo caso che interessa un'associazione per conoscere la soddisfazione dei propri associati o rilevare elementi per nuove politiche. Ovvero, in alcuni casi professionali, per esempio, per costruire uno strumento che restituisca un indice che dia una misura dei progressi di un soggetto affidato alle cure del professionista.

Domandare, ascoltare e osservare, tutto ancora concorre alla raccolta dei dati che, elaborati, possono condurre a una possibile comprensione del fenomeno, dell'evento, del caso che si ha davanti. E questo anche dà l'opportunità per meglio chiarire e quindi comprendere il significato già dato di scienza facile e di scienza difficile.

Domandare, ascoltare e osservare come triade di quello che alla base, nella sua essenza logica, è ancora un rapporto duale. Il ricercatore, da un lato, e il soggetto-oggetto, dall'altro, non contrapposti, ma posti a costituire l'unità tattica della ricerca sociale, psicologica, psicosociologica, etnografica o antropologica.

Allo stesso modo avremo anche il medico e il paziente, l'insegnate e l'allievo, l'educatore e il bambino, l'assistente sociale e l'emarginato. Questo almeno fino a quando, in un futuro ancora di fantascienza, si potranno avere a disposizione strumenti che forniscano dati digitali ineccepibili e misurabili del pensiero umano.

Nella realtà del nostro mondo, invece, l'intervista è largamente e diversamente praticata in entrambi i metodi e praticamente in tutte le ricerche che riguardano le scienze umane e umanistiche, ed essendo tale *è ancora la tecnica regina* di questo rapporto fondamentalmente duale anche quando si estende a migliaia di soggetti.

Infatti, anche nel caso di migliaia di soggetti, non sarà il ricercatore *versus* tutti i soggetti che rispondono collettivamente, ma sarà sempre il ricercatore *versus* ognuno di loro.

3.8 Lo schema della operazionalizzazione del concetto

Avendolo accennato sopra, riportiamo qui di seguito lo schema della operazionalizzazione del concetto.

Nello spirito del testo, anche in questo caso si tratta di una semplice suggestione che potrà poi essere aumentata dallo studioso interessato su testi specifici di rilievo e da lì ulteriormente approfondita[28].

L'idea è riferita a Paul Felix Lazarsfeld (1901-1976), considerato una delle figure di primo piano della scienza sociologica, autore di alcuni lavori che sono diventati pietre miliari nell'evoluzione della ricerca sociale[29].

---

[28] P.es.: Cannavò, L., Frudà, L. (2007), *Ricerca sociale. Dal progetto dell'indagine alla costruzione degli indici*, Carocci, Roma; Nobile, S. (2008), *La chiusura del cerchio. La costruzione degli indici nella ricerca sociale*, Bonanno, Gruppo Editoriale s.r.l. Acireale-Roma.

[29] Il paradigma lazarsfeldiano è stato ed è molto discusso e anche criticato. Amplissimo è il dibattito e molto si può approfondire iniziando p.es. da: Campelli, E., Fasanella, A., Lombardo, C. (1999), a cura di, *P.F. Lazarsfeld. Un classico marginale*, in «Sociologia e ricerca sociale» numero monografico, n.58-59, FrancoAngeli, Milano; Cannavò, L., Frudà, L. (2007), *op. cit.*; Nobile, S. (2008), *op. cit.*

La struttura di questo processo è molto semplice, mentre la vera difficoltà sta nella costruzione del rapporto di indicazione attraverso il quale il ricercatore (come nell'esempio dato del trasporto pubblico) deve prima dare senso al concetto, cioè deve rappresentare figurativamente il concetto, e poi, attraverso le fasi procedurali deve:
- Scomporlo stabilendo le dimensioni che secondo lui lo costituiscono (Analisi dimensionale).
- Scegliere gli indicatori (misurabili).
- Decidere le variabili (che daranno la misura, cioè che essenzialmente possono essere numerate).
- Sintesi dei valori numeri mediante la costruzione di un indice (indicatore di sintesi).

Come detto, la semplicità dello schema non corrisponde affatto a una pari esecuzione e molte sono le difficoltà. Difficoltà che tuttavia devono essere superate se il ricercatore vuole procedere su questa strada, avendo cura non solo di far corrispondere le dimensioni al concetto (che cosa può rappresentare quel concetto?), ma anche trovare quanti più indicatori (validi) per ognuna delle dimensioni.

Questo però non basta perché l'ultima fase, la scelta delle variabili (misurazione) e la loro sintesi deve poi essere tale. Vale a dire che le variabili (o le super-variabili, Nobile, 2008: 11, *passim*), comunque legate agli indicatori che sono legati alle dimensioni e quindi al concetto, devono effettivamente sintetizzare l'analisi. Vale a dire che dopo lo scioglimento (analisi) devono ricomporsi e partecipare in toto (secondo il loro peso) all'indice che è di fatto il valore che riporta indietro al concetto stesso, cioè lo sintetizza (sintesi).

Detto altrimenti, non si deve cadere nella tentazione e nell'errore di stabilire una sola variabile (magari quella che si ritiene la maggiore) a rappresentare l'intero concetto perché, semplicemente, la sintesi non avverrebbe e tutto (o quasi) il lavoro di concettualizzazione sarebbe di fatto tagliato, reciso dal processo di ricerca.

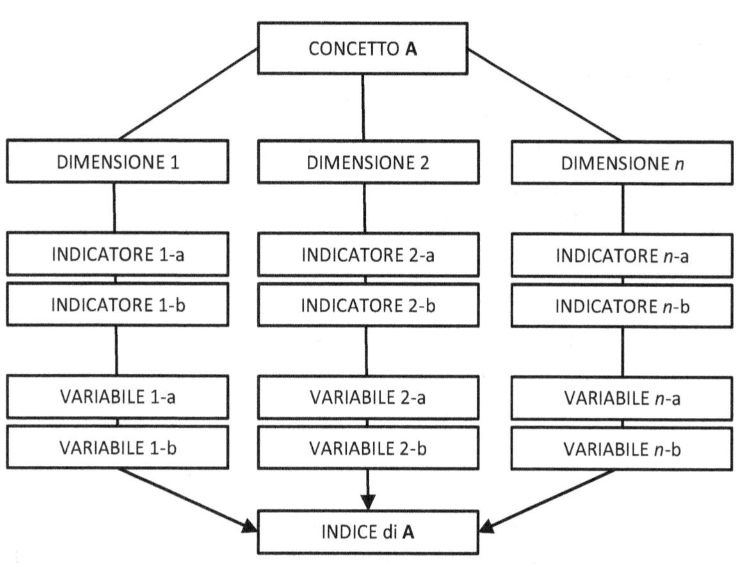

3.9 Logica della struttura dei tipi di intervista

Dell'intervista, che può essere utilizzata come tecnica in entrambi i metodi, si può quindi stabilire una gerarchia, cioè un livello di *minore o maggiore strutturazione* dei diversi tipi in modo da fornire la logica secondo la quale ogni ricercatore può procedere verso il suo obiettivo.

Questi livelli di intervista non sono fissi e non sono dati una volta per tutte, si possono tuttavia elencare secondo questo ordine:

- Narrazione (*NR*)
- Colloquio (*CL*)
- Libera (*LB*)
- Focalizzata (*FC*)
- Direttiva (*DT*)
- Semi-strutturata con questionario (*SS*)
- Strutturata con questionario (*ST*).

Si può dunque affermare che il diverso *grado di intensità*, che differisce in ogni tipo di questi rapporti duali tra intervistato e intervistatore, giace lungo un *continuum* raffigurabile dal segmento 0 ; 1.

Il numero e l'altezza delle barre verticali poste a ogni punto di ideale passaggio da un tipo all'altro danno l'idea della forza di questa intensità di strutturazione.

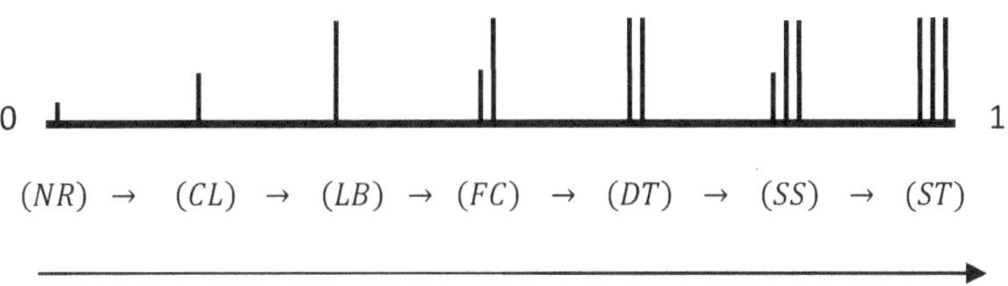

Lo schema è modificato rispetto al precedente già presentato (Delli Poggi, 2019a), poiché abbiamo scelto di inserire qui la "narrazione" (la storia di vita), in cui l'intervistato racconta molto liberamente sé stesso. Questo può avvenire da un livello di strutturazione prossimo allo zero (ma non nullo) fino al limite dell'argomento della ricerca (cioè il non andare fuori tema) del quale e intorno al quale l'intervistato racconta la sua storia[30].

Stando così le cose è ancora più facile comprendere le parole di Kriz e quindi la necessità di quel buon senso che ogni ricercatore deve mettere in atto. Ma deve essere ribadito con decisione che questo non significa che il ricercatore sociale si può muovere alla bell'e meglio, tra scelte estemporanee, in un anarchismo metodologico privo di metodo. Anzi, forse è proprio il contrario. Se la sociologia e la ricerca sociale sono tra le scienze difficili nel senso dato sopra, questo vuol dire che ancora maggiore deve essere lo studio, la preparazione, l'attenzione, la cura e la sperimentazione del ricercatore verso la teoria e la metodologia della ricerca, e questo proprio per dare costrutto a quel buon senso che, altrimenti, si reggerebbe sul nulla.

Ancora una volta detto nel modo più semplice: un chimico o un fisico sa perfettamente cosa avviene al suo minerale di ferro e come reagisce se, *ceteris paribus*, lo sottopone a una data temperatura e a una data pressione. Il sociologo, lo psicologo o l'educatore, può solo tentare di prevedere la reazione di un adolescente sottoposto a rimprovero pubblico. Ma in questo nostro discorso, tentare sta a significare *cercare ancora più a fondo* perché le scienze sociali non hanno ancora raggiunto la piena maturità.

---

[30] I testi per approfondire sono infiniti, per alcuni esempi vedi: Ferrarotti, F., Uccelli, S.E., Giorgi Rossi, G. (1959), *La piccola città. Dati per l'analisi sociologica di una comunità meridionale*, Edizioni di Comunità, Milano. Cavallaro, R. (1981), *Storie senza storia. Indagine sulla emigrazione calabrese in Gran Bretagna*, CSER, Roma. Per quanto siano lavori datati nel tempo, restano esempi che offrono con chiarezza l'applicazione del metodo qualitativo con la tecnica della narrazione.

3.10 Gli strumenti

Dal discorso fatto fin qui è intuitivo immaginare che ci si debba preoccupare di utilizzare *gli strumenti più idonei* per la tecnica o per le tecniche scelte, esattamente come ogni tecnica è coerente col metodo e ogni metodo è coerente con la domanda di ricerca: questo è il percorso di base che possiamo suggerire al giovane ricercatore affinché possa muovere i suoi primi passi nel difficile campo della ricerca sociale.

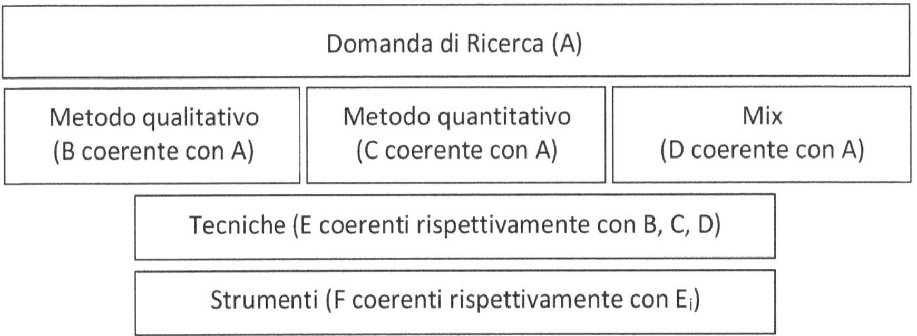

Ognuna delle tecniche accennate sopra (v.) richiede il suo o i suoi propri strumenti concettuali (logico-operativi), che tuttavia non devono essere confusi con gli strumenti materiali (p.es. il registratore digitale o la videocamera): si potrà fare un'intervista leggendo il diario di un soggetto, oppure fare un *focus group* somministrando un questionario altamente strutturato e standardizzato?

Certamente tutto si può fare se si può sopportare il prezzo del fallimento, ma gli strumenti propriamente detti ora devono rispondere e rispondono a un'altra delle domande di Cicerone e di Tommaso: *Quibus auxiliis?* Come? Con quali mezzi?

Con quali mezzi, perciò, eseguiremo le nostre tecniche?

Un canovaccio con alcuni temi che ci interessano sarà il semplice strumento di un'intervista libera o anche la base di un colloquio, mentre (ancora) il questionario standardizzato sarà lo strumento tipico di un'intervista strutturata. Questi e altri rappresentano ora il modo con cui raccoglieremo i dati. Un modo (lo strumento) che in questo senso dovrà essere coerente con la tecnica usata.

Semplificando ancora e sconfinando nel senso pratico, sarà ben difficile tagliare una barra di ferro con una sega per il legno, oppure tinteggiare una stanza con un minuscolo pennello da pittore di quadri.

Il senso stesso di τέχνη, di arte, di artigiano, quali attività della realtà fisica quotidiana, restituisce la stessa congruenza anche nella ricerca sociale con buona pace di ciò che si ritiene ingenuamente astratto.

In breve il *livello di strutturazione e standardizzazione è in equilibrio e direttamente proporzionale tra tecnica e strumento*.

Anche qui un semplice schema può chiarire meglio la logica di cui si discute.

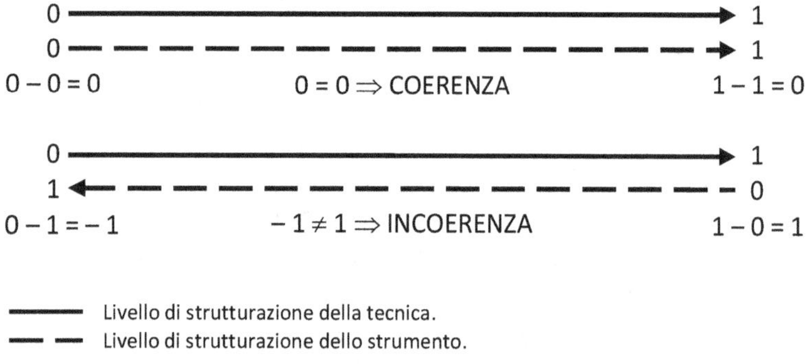

Se il livello di strutturazione tra tecnica (T) e strumento (S) andasse lungo lo stesso ipotetico *continuum* da 0 a 1, i due elementi (T e S)

dovrebbero mostrarsi coerenti seguendo, cioè aumentando o diminuendo, il livello.

Risulta evidente che tanto più la tecnica è strutturata, quanto più lo saranno i suoi strumenti.

Rispondendo ora alla banale domanda posta sopra, in una intervista libera o in un colloquio o in un *focus group*, non potremo usare un questionario altamente standardizzato, con tutte le risposte precodificate e chiuse, poiché mancherebbe il dato spontaneo, cioè quello che non si conosce (come categoria o *item*) e che si cerca, quello che solo l'intervistato può fornire nel suo significato profondo, intimo e soggettivo. Nel caso della tecnica *focus group*, invece, ci si confronta con il resto del gruppo degli intervistati. Un dato spontaneo che è proprio uno dei motivi fondamentali che ne determina la scelta.

Allo stesso modo, non è minimamente pensabile che il «Censimento della popolazione italiana», fatto dall'ISTAT, sia un modulo con domande a risposte aperte. Non sarebbe proprio opportuno, se non impossibile, non fosse altro perché si otterrebbero milioni e milioni di opinioni pressoché tutte diverse per ognuna delle decine e decine di domande poste.

Per quanto il ricercatore mantenga la sua libertà questa non può andare contro il buon senso e tantomeno contro la logica, e il processo sintetizzato da questi due schemi vede proprio la sequenza: interesse del ricercatore, domanda cognitiva di ricerca, coerenza dei metodi, coerenza delle tecniche e coerenza degli strumenti.

Quasi al termine di questo capitolo essenziale, possiamo offrire la chiara affermazione di Weber proprio riguardo all'interesse scientifico che appartiene al ricercatore scientifico:

"La prostituzione è un fenomeno *culturale* al pari della religione o del denaro; e tutti e tre lo sono in quanto e *solamente* in quanto, e nella misura in cui, la loro esistenza e la forma che storicamente assumono tocchino, direttamente o indirettamente, i nostri interessi culturali, ed in quanto tocchino il nostro impulso conoscitivo sotto punti di vista orientati in base a idee di valore, le quali rendono per noi *significativo* il settore di realtà che è pensato in quei concetti. Ogni conoscenza della realtà culturale è sempre, come risulta da tutto questo, una conoscenza da *particolari punti di vista*" (Weber, 1904: 97).

Strumenti concettuali che quindi si trasformeranno, cioè saranno trasformati dal ricercatore in strumenti fisici secondo la propria *Wertbeziehung* controllata dalla sua *Wertfreiheit* (Weber, 1904).

3.11 Il disegno e le fasi della ricerca

Con disegno della ricerca si intende l'orientamento che viene dato alla ricerca stessa nella sua base progettuale. Anche qui le interpretazioni sono molte e tutt'altro che omogenee. Ci sono autori che parlano di disegno qualitativo, altri di disegno comparativo, altri ancora di disegno longitudinale.

Anche solo nello stesso testo si trovano altri tipi ancora (triangolare, nidificato, esplicativo, esplorativo, sperimentale, specifico di tecniche ecc.) che fanno apparire come non vi sia omogeneità, quanto piuttosto i ricercatori si organizzino su aspetti particolari dello stesso tema (Cardano, Ortalda, 2016).

I termini, dunque, sembrano accavallarsi ancora riproducendo le stesse difficoltà già incontrate, ma anche concedendo una certa libertà al ricercatore che può affrontare il suo tema, espresso dalla domanda di ricerca, secondo le proprie scelte purché, come sempre, restituiscano risultati applicabili e validi, e segua la logica della ricerca.

Per noi qui, come base elementare della conoscenza metodologica, il disegno della ricerca sta a significare certamente l'orientamento che può essere dato alla ricerca, ma con due sole nature fondamentali e mai autoescludenti: il *disegno descrittivo* e il *disegno esplicativo* (ai quali aggiungeremo poi quello *esplorativo*).

Il primo vuole significare che si intenderebbe ricercare e, appunto, descrivere (qualitativamente e/o quantitativamente) le variabili e anche le relazioni che esistono e concorrono alla produzione del fenomeno che si vuole studiare. Con il secondo si intenderebbe spiegare gli effetti delle relazioni di quelle variabili tra loro.

In altri termini, con la prima si tenderebbe a seguire un percorso che prevalentemente ma non univocamente risponda al *cosa è* un fenomeno mentre con la seconda al *perché è* quel fenomeno.

In una ricerca, per quanto minuziosamente progettata, non può mai dirsi se, descrivendo (o esplorando) un fenomeno, ci si troverà davanti alla spiegazione di una novità, cioè una scoperta. Così che nella prassi non si può stabilire a priori se una ricerca sarà poi effettivamente solo di un tipo riguardo al fenomeno che si intende studiare o se anche ci si troverà davanti a qualcosa di inaspettato. Un concetto che si lega a questo è la serendipità (*serendipity*) di Merton: trovare qualcosa di inaspettato mentre si sta cercando qualcos'altro. Una cosa che non è inusuale nella ricerca scientifica di tutte le scienze.

Si tratta dunque di distinzioni analitiche che non sempre vengono prese in considerazione nella prassi quotidiana di una ricerca empirica in cui, durante l'esecuzione di un progetto, si procede spesso con scelte immediate, anche dettate e a volte imposte da fattori congiunturali di qualsiasi tipo.

Per esempio, in un progetto si è deciso (arbitrariamente) di intervistare venti coppie genitoriali con un solo figlio che frequenti la scuola primaria in un dato istituto. Si è anche stabilito che siano due bambine e due bambini per ognuna delle cinque classi. Poi, per un qualsiasi motivo (anche per la semplice indisponibilità di alcuni), accade che il *numero magico* "venti" non sia raggiungibile, ed ecco allora che il direttore della ricerca (o anche solo il ricercatore) stabilisca che anche diciotto "vada bene" per gli usi e per gli effetti dei risultati. E questo certamente non è quello che si definisce un algoritmo.

Altresì può avvenire che un disegno descrittivo approcci un fenomeno di cui si sia detto tutto o quasi, vale a dire giungere a un risultato senza innovazione. Oppure, all'opposto cercare di descrivere "la coesione familiare nelle imprese di famiglia" e poi scoprire che invece è il conflitto la variabile più rilevante.

Ecco perché riteniamo queste due distinzioni come analitiche (e quelle più capillari solo esercizi intellettivi), e d'altra parte se si concorda con la definizione che con disegno della ricerca si intende *l'orientamento* che viene dato nella sua base progettuale, sembrerebbe ovvio che l'orientamento venga posto all'inizio del percorso e non alla fine. E se l'orientamento, cioè la strada, il percorso del fare-cosa-come ecc. si è successivamente mostrato impraticabile o ha incontrato situazioni diverse, allora è evidente che sarà mutato.

E infine, se può essere mutato, sembra anche evidente che quel disegno sia solo un indirizzo, un fondamento e non sia inamovibile.

L'importanza del disegno, quindi, certamente esiste perché non si può vagare nel buio, e su questa base si organizzerà il lavoro, ma poi la minuzia delle distinzioni analitiche non appare necessaria perché lo svolgimento della ricerca può anche smentire tutto, magari dimostrando che i primi punti fermi posti nel progetto fossero solo mere congetture.

Insomma, per quanto ci sia spesso nelle scienze sociali una sorta di "classofrenia-tassofrenia" cronica per tutto ciò che si incontra, senza che le *definizioni definiscano* alcunché di univoco e quindi di utile.

Si tratta essenzialmente di tipi spesso dichiarati nei testi, ma poi semplicemente trascurati e non applicati nel farsi della ricerca empirica.

Come accennato sopra, tra questi due tipi principali possiamo quindi trovare posto anche a un disegno *esplorativo* che in sostanza dichiara la poca conoscenza del fenomeno per poter porre ipotesi e/o elencare l'intero universo delle dimensioni che lo compongono e/o delle variabili che lo producono.

Ma oltre a queste distinzioni (descrittiva-esplorativa ed esplicativa) le altre appaiono più utili nel ragionamento logico, aiutando la riorganizzazione del lavoro come avviene, per esempio, nella fase di pubblicazione dei risultati in cui si dovrà dare conto delle scelte, dei passi e, appunto, del disegno.

Questo cenno riconduce a ritroso verso il *contesto della scoperta* e il *contesto della giustificazione* in cui il primo:

"Riguarda i processi soggettivi di creazione delle ipotesi ed è considerata da autori come Popper (1969) una fase non-razionale, non sistematizzabile in un metodo. Il secondo [la giustificazione] è invece l'area dei metodi obiettivi, razionali e controllabili, in cui le ipotesi sono messe alla prova" (Arielli, 2003: 18).

Questo non significa che la scoperta sia un'avventura irrazionale, ma solo che si ha un grado di autonomia superiore e di libertà maggiore nella formulazione delle ipotesi (quando se ne hanno), cioè delle spiegazioni iniziali che stanno sotto al fenomeno. Qualsiasi di queste ipotesi, poi, dovranno essere provate, cioè nel nostro gergo dovranno essere verificate o falsificate nella ricerca.

In realtà questa concezione parte dalla tradizione neopositivista che ammetteva proprio i due versanti dei contesti di giustificazione e di scoperta. Per questi, il punto di riferimento pressoché obbligato pare essere Hans Reichenbach (1891-1953), filosofo della scienza ed educatore, che inserisce questi due aspetti come possibilità logica, e li spiega in modo molto più semplice:

"The way, for instance, in which a mathematician publishes a new demonstration, or a physicist his logical reasoning in the foundation of a new theory, would almost correspond to our concept of rational re-construction; and the well-known difference between the thinker's way of finding this theorem and his way of presenting it before a public may illustrate the difference in question. I shall introduce the terms *context of discovery* and *context of justification* to mark this distinction."[31]

Dunque, almeno in queste parole, si tratta prima del modo in cui uno scienziato scopre qualcosa e poi del modo in cui lo presenta davanti a un pubblico, ovvero alla sua comunità scientifica.

Detto altrimenti, nella fase della ricerca propriamente detta (*context of discovery*) il ricercatore svolge soggettivamente il suo lavoro, si potrebbe dire in maniera non perfettamente organizzata e non lineare: sono le mille strade di Kriz, e non tutto quello che avrà prodotto e anche scartato sarà contenuto nel suo rapporto di ricerca.

Nella fase finale, invece, quando quella ricerca sarà definitiva, cioè nella fase di presentazione (*context of justification*) del lavoro, tutto il percorso svolto e i risultati appaiono perfettamente organizzati in un processo lineare.

Dello stesso tenore è Popper il quale sostiene spesso che una cosa è la genesi delle idee, altra cosa è la loro prova. Le proposte scientifiche devono essere provate, ed è anche per questo che, come più volte detto e sostenuto, il procedimento scientifico deve essere pubblico, ripetibile e controllabile anche da altri scienziati.

Le *fasi della ricerca* sono, invece, i punti *strategici* del piano d'azione, che elencano ciò che deve essere deciso e progettato per poi essere *tatticamente* implementato con l'ausilio della tecnica (τέχνη).

---

[31] H. Reichenbach, *Experience and prediction: an analysis of the foundations and the structure of knowledge*, University of Chicago Press, Chicago, Ill., U.S.A., 1938, pp. 6-7, corsivo nel testo.

Anche qui esistono diversi modi e termini per esprimere queste fasi, ma l'idea portante è quella di avere una linea operativa da seguire, una traccia che segni la direzione:

1. Accertamento della situazione problematica; definizione e formulazione del problema. Esiste un problema secondo l'interesse scientifico del ricercatore che lo conduce verso la domanda cognitiva.

2. Scelta dell'impostazione su (*almeno*) tre opzioni:
   a.   Pochi dati → ricerca esplorativa, teoria e ipotesi generiche.
   b.   Buoni dati → ricerca su ipotesi forti, teoria a sostegno.
   c.   Dai dati alla teoria → nessuna ipotesi.

3. Ricerca di sfondo (eventuale), come attività specificamente *esplorativa* e quindi come attività di orientamento e chiarificazione del campo in cui si opera, cioè acquisizione di maggiori informazioni sul fenomeno. Il ricercatore non possiede le informazioni per definire un progetto completo e quindi "si informa", cioè incrementa in qualsiasi modo (in letteratura e sul campo) la sua conoscenza.

4. Scelta di: fonti, metodi, tecniche, strumenti e loro costruzione.

5. Rilevazione-raccolta dei dati.

6. Organizzazione dei dati (qualitativi e/o quantitativi).

7. Elaborazione e analisi dei dati.

8. Risultati e rapporto di ricerca.

In questo percorso abbiamo più volte citato o fatto riferimento a Cicerone e Tommaso d'Aquino. Da questi riprendiamo ora l'insieme completo che possiamo chiamare l'insieme degli elementi del progetto dell'agire, cioè i punti che costituiscono qualsiasi piano d'azione, in qualsiasi campo e per qualsiasi scopo.

Unito alle fasi della ricerca si tratta adesso di usare questi elementi per gettare le basi di un qualsiasi progetto e svilupparlo.

È la pianificazione che passa attraverso il processo (o serie di processi) per cui si risponde alle sette domande più una: *Quis, Quid, Cur, Quando, Ubi, Quomodo, Quibus Auxiliis*[32], alle quali noi aggiungiamo il *Quantum*.

Si tratta perciò di stabilire: *chi* fa *cosa, perché, quando, dove, in che modo, con quali mezzi* e *quanto*, secondo i criteri della ricerca scientifica qui proposti.

Questo, dunque, per guardare la società nello spazio o campo di interazione che interessa, osservando gli attori e il loro agire, domandando e ascoltando, osservando gli spazi, rilevando le forme, misurando i tempi, tentando cioè di cogliere quel complesso di relazioni e di contenuti relazionali, che possano anche far capire i perché, cioè i motivi.

Comprenderne nel senso più ampio il comportamento, raccogliere i dati che riteniamo utili e validi per descriverne le relazioni, spiegare il fenomeno e, qualche volta, giungere a scoprire qualcosa di nuovo.

È un'attività pressoché continua, con pochi punti di stasi, perché per il sociologo il suo oggetto di studio non è solo nel suo laboratorio ma è sempre davanti a lui.

Insomma, per dirla con Gesualdo Bufalino, "un sociologo è colui che va alla partita di calcio per guardare gli spettatori".

---

[32] Cicerone, *De inventione* (o *Rhetorici libri*) I, 24; Tommaso d'Aquino, *Summa Theologica*.

4. Alcuni tipi, esempi e applicazioni

Fermo restando che per il lavoro di ricerca occorrono molti anni di preparazione teorica ed esperienza pratica, quello di cui s'è discusso fin qui mette in grado il ricercatore e il professionista che si occupi di studiare e analizzare gli spazi sociali, di muovere i primi passi per produrre un progetto, scegliendo i metodi, le tecniche e gli strumenti che ritiene più idonei ai suoi scopi.

Di queste tecniche abbiamo dato alcune impostazioni generali e alcune basi logiche, e solo brevi semplici rudimenti sulle interviste, rinviando l'approfondimento a testi specifici che, evidentemente, comprendono anche gli strumenti tipici di ognuna.

Nello spirito pedagogico di questa *Lectio tertia* offriamo ora un breve ventaglio di tipi, di esempi e di applicazioni che non sono esaustive ma ancora vogliono fornire delle suggestioni affinché si possa stimolare una visione metodologica che altresì possa essere applicata agli scopi pratici delle professioni.

4.1 Tre tipi, lo stesso soggetto-oggetto

Per iniziare si immagini, per esempio, il tema del colloquio o della narrazione con un ospite di una casa-famiglia che potrebbe iniziare dalla semplice: "*Parlami della casa-famiglia, come nuovo luogo di vita, di incontro, di ...*", da cui verrebbe la sua narrazione, anche come porzione della sua storia di vita.

L'intervistato inizia il suo racconto e l'intervistatore avrà l'attenzione di non interrompere il flusso comunicativo, salvo che per esortarlo quando si renda conto che l'intervistato abbia difficoltà nell'iniziare o nel procedere, oppure quando abbia esaurito una frazione (scena) della sua narrazione.

È buona norma non sincopare il racconto (o la risposta) dell'intervistato con interventi continui, inutili e anzi dannosi perché interrompono le informazioni, come pure possono fuorviare il racconto. Si può essere tentati di annuire e dare quindi conferme alle affermazioni dell'intervistato e quindi spingerlo verso una direzione data dal consenso che può percepire. Oppure si può essere tentati di suggerire termini o completare frasi come in talune discussioni. Si ricordi sempre che si tratta di un rapporto dialogico tra due individui, una sorta di duello dialogico, tale per cui anche le rispettive personalità entrano in gioco. In questo caso, è evidente che dovrà essere l'intervistatore ad adattarsi all'intervistato perché la cosa che qui più importa è la raccolta dei dati, e che siano i più spontanei possibili, anche se è noto che a volte il testimone testimonia cose in cui crede ma che non rispondono alla realtà.

Si tratta, in breve, di quella situazione che tutti hanno vissuto e vivono quando in un dialogo l'uno interrompe l'altro e viceversa.

Si può pertanto senz'altro dire che l'intervistatore deve sembrare spontaneo per mettere a suo agio l'intervistato, ma non deve esserlo affatto e deve anzi prepararsi minuziosamente e affrontare l'intervista essendo pronto e organizzato[33].

---

[33] In verità nella pratica sul campo si assiste spesso a improvvisazioni e modi diversi di intervistare sia da parte dei vari intervistatori, sia anche da parte dello stesso intervistatore nelle sue diverse interviste nell'ambito della stessa ricerca. Si tratta di uno dei problemi pratici della non standardizzazione, ma anche spesso non attenuati dalla mancanza di una formazione specifica.

Lo stesso fenomeno della casa-famiglia potrebbe essere studiato con le domande che, a turno, potrebbero essere poste in un *focus group* a cinque o sei di quegli ospiti secondo i criteri arbitrari scelti dal ricercatore: "*1. Potete descrivere la vostra casa famiglia? ... 2. Che cosa avete trovato che vi aiuta a ...? ... 3. Quali momenti particolari di ...?*"

Si potrebbe poi continuare fino anche alla costruzione di un questionario variamente strutturato, magari somministrato se il rapporto tra il numero dei soggetti e gli intervistatori lo consente, e in cui, per esempio, agli stessi ospiti della casa-famiglia si potrebbe porre una domanda nei termini che seguono:

Quale è per te l'elemento importante della casa famiglia?
[una sola scelta]

   ☐ 1. Accoglienza   ☐ 4. Attività di lavoro

   ☐ 2. Amicizia   ☐ 5. Attività ricreativa

   ☐ 3. Recupero   ☐ 6. Altro (descrivere)

I metodi, le tecniche e gli strumenti cambiano, ma il fulcro rimane lo stesso, cioè la domanda, la richiesta di informazioni, la volontà di conoscere per fare affermazioni scientifiche.

Ora, arrivato a questo punto del suo percorso, il ricercatore ha raccolto i dati di sostanza di cui ritiene di avere bisogno. Ritiene quindi di avere raggiunto la saturazione del dato e che ulteriori che affluiscono inizino ad avere una forte ridondanza, cioè a dire che il dato non contiene più novità e si ripete. Una saturazione che dunque intendiamo a posteriori e non a priori per decidere per esempio il numero dei soggetti da intervistare[1].

Ma come si presenteranno fisicamente? Cioè sotto quale forma?

---

[1] Per un primo approfondimento sul tema della saturazione nella ricerca qualitativa cfr. Cipriani, R. (2020), *L'incerta fede*, cap. 3, par. 6, FrancoAngeli, Milano.

Essenzialmente questi dati si presenteranno per esempio come codici o numeri nei questionari, o registrazioni audio, oppure video, negli altri tipi di interviste, o narrazioni od osservazioni. Dati audio che si trasformeranno in *trascrizioni*, testi in un diario, in una biografia o raccolti in una scheda o compilati in una scala.

Insomma, si presenteranno ormai come dati organizzati che dovranno essere elaborati e analizzati. Queste operazioni sono le più varie e il loro studio specifico esula da questo tipo di lavoro e richiedono invece approfondimento e pratica[2].

4.2 Il Giubileo del 2000: interviste qualitative e trascrizioni

La ricerca sul Giubileo del 2000 fu condotta da Costantino Cipolla, Roberto Cipriani *et alii* a livello nazionale e internazionale entro il tema generale della religione e religiosità[3].

L'esempio che riportiamo è una tipica intervista qualitativa, condotta da Emanuela Del Re. Un'intervista breve ma che contiene praticamente tutte le risposte alle ormai famose "otto domande".

---

[2] La polemica tra qualitativisti e quantitativisti non è affatto spenta. Per orientare il neofita si propongono alcuni testi diversi ma utili per l'approfondimento: Madge, J. (1962), *Lo sviluppo dei metodi di ricerca empirica in sociologia* (ita. 1966); Statera, G. (1997b), *Logica dell'indagine scientifico-sociale*; Cardano, M. (2003, 2007), *Tecniche di ricerca qualitativa*; Corrao, S. (2005), *L'intervista nella ricerca sociale*; Marradi, A. (2005), *Raccontar storie. Un nuovo metodo per indagare sui valori*; Gianturco, G. (2005), *L'intervista qualitativa. Dal discorso al testo scritto*; Cipriani, R. (2006), *L'approccio qualitativo. Dai dati alla teoria nell'analisi sociologica.*

[3] Essenzialmente gruppi di pellegrini italiani e stranieri provenienti da diversi luoghi del mondo. Un lavoro che ha coinvolto numerose Università, enti e istituti, oltre a un gran numero di persone. Come termine di paragone si pensi che il valore del finanzia-

Gli interventi della Del Re sono essenziali e mirati, ed equilibrati sia alla situazione (incontro non organizzato e intervista all'aperto), sia al livello culturale dell'intervistata che deve vincere la propria insicurezza. Si noti, infatti, che nel procedere dell'intervista la "signora Emma" diventa sempre più loquace fornendo molti temi tra cui, oltre quello della fede cattolica, anche la condizione femminile (generazioni passate), della condizione familiare (vedovile, economica e libertà di agire), delle critiche al lato commerciale del Giubileo e altro ancora.

Documento-intervista estratta da: R. Cipriani, *Giubilanti 2000*, capitolo 5. *Il ruolo del genere nel vissuto dei giubilanti*, par. 5. *Percorso esemplare rappresentativo*.

Titolo: Emma 11/7/2000. Intervistatore: Emanuela del Re
Gruppo linguistico: Inglese, Nazionalità: Irlandese
Sesso: F; Età: 61/75. Area geografica: Dintorni di Dublino.
Le note del relatore sono tra parentesi quadre [-]; i puntini indicano pause.

- D: La ringrazio di aver accettato di parlare un po' con me …
- *R: Sì, ma sono emozionata, non so se quello che dirò le sarà utile …*
- D: Certo che lo sarà, altrimenti perché avrei chiesto di parlarle?
- *R: Be' non lo so. È la prima volta che mi intervistano … col registratore poi …!*
- D: Vuol parlarmi un po' di sé?
- *R: Devo dire la mia storia? Mi chiamo Emma, sono irlandese. Abito a pochi chilometri da Dublino. Lo dico perché la gente in genere conosce solo Dublino.*
- D: Be' io conosco un po' l'Irlanda. L'ho girata un po' tutta …
- *R: Davvero? Allora sa com'è! Noi siamo cattolici come gli italiani e siano anche molto religiosi, sa? Ecco perché sono qui, per il Giubileo*
- D: È venuta qui da sola?
- *R: No! Per l'amor di Dio … è la prima volta che esco dal mio paese! Sono qui con un gruppo di amiche e un prete … mio marito è morto l'anno scorso … le amiche hanno organizzato questo viaggio e allora … poi c'è un prete giovane molto attivo che devo dire fa tutto lui … ha organizzato tutto … noi abbiamo*

---

mento fu pari a 329 milioni di lire italiane (al cambio circa 170.000 euro senza rivalutazione). Cfr. Costantino Cipolla, *Introduzione*, in Cipolla, C., Cipriani, R., a cura di, (2002), *Pellegrini del Giubileo*, FrancoAngeli, Milano, pp. 9-10.

solo sborsato i soldi … io non avevo problemi perché mio marito mi ha lasciata bene, la pensione e anche qualche risparmio … oggi come oggi i soldi sono tutto … ma cosa stavo dicendo?

- D: Del suo viaggio …
- *R: Ah, sì. Padre Peter ha fatto tutto lui. Io più che altro volevo vedere il Papa prima di morire. Ho 75 anni e non si sa mai … a casa ho sempre avuto il ritratto di tutti i Papi. Anche questo Papa polacco ce l'ho appeso in salotto in foto. Una foto che mi aveva portato una cugina tanto tempo fa. È stata benedetta, sa? La tengo da conto. Adesso me ne compro una nuova.*
- D: E il Papa lo ha visto?
- *R: L'ho visto come tutti. Dal balcone. Ma fa effetto lo stesso, sono contenta così. Siamo anche stati nelle Basiliche e abbiamo visto molte altre chiese. Io mi sono commossa spesso. Sono chiese molto importanti, ti fanno sentire piccolo e importante. Un'esperienza che tutti dovrebbero fare una volta nella vita.*
- D: Quale?
- *R: Venire a Roma. Anche se la città non mi piace, però le chiese importanti ti colpiscono veramente e se uno crede …*
- D: Mi parli un po' della sua fede …
- *R: Che posso dire? Sono una cattolica in una famiglia cattolica … Ai miei tempi era un po' dura per le ragazze, perché non era come oggi che tutti i giovani fanno quello che vogliono … era dura … … [pausa lunga]*
- D: In che senso?
- *R: Eri controllata. Non facevi un passo senza che la famiglia lo sapesse … oddio, chissà perché dico questo … credo che anche qui da voi fosse così … i ragazzi almeno facevano i chierichetti, ma noi … scuola, se si poteva, casa e chiesa. Chiesa solo la domenica e accompagnate da tutta la famiglia. Poi il matrimonio, se non c'erano incidenti di percorso.*
- D: Incidenti?
- *R: Be', sa quante mie amiche sono finite nel fosso? Voglio dire, ci sono rimaste? Incinta, voglio dire. Non si sapeva nulla del sesso, mica come oggi … non c'era modo di scamparla. Se facevi l'amore prima del matrimonio ci restavi … Oggi che ho i capelli bianchi ripenso a molte cose e penso che almeno le madri ci potevano informare … però anche io con mia figlia non ho mai parlato, perché se una non è abituata da piccola … Jane ha capito da sola, infatti non ha mai fatto stupidaggini. Adesso è sposata. Ha due figli. Sono nonna, sa? Due bambini stupendi. Ma per loro è tutta un'altra cosa, anche se la sera vedesse come dicono le preghierine … tutti e due inginocchiati.*
- D: Me li immagino, devono essere un amore …

-   *R: Sì, un amore. Di che stavo parlando?*
-   D: Della sua storia di donna quando era piccola …
-   *R: Ah sì. Certe cose le avrei cambiate, se avessi potuto. Non è che volessi andare contro la religione, però era dura per noi donne. Ci sono mie amiche che hanno avuto dieci figli … dieci, se lo immagina? Io ringrazio mio marito che a un certo punto – io ho sei figli – ha detto basta … no, non basta in quel senso lì … ha cominciato a starci attento! E poi per sei figli ci vogliono tanti soldi e tanti sacrifici, figuriamoci per dieci.*
-   D: Ma oggi è diverso?
-   *R: Se penso all'aborto, mi viene la pelle d'oca. Mi pare che adesso si possa fare … o no? Be' prima c'erano certe donne … ma si moriva, si poteva morire malamente … oggi le ragazze fanno tutto facile. A parte quelle che spariscono per un periodo, le madri dicono che sono all'estero a studiare, ma poi tornano che sembra che abbiano dieci anni di più e tutti nel paese lo sanno … comunque forse è meglio oggi, perché i ragazzi sono meno controllati e forse sono più liberi.*
-   D: Più liberi?
-   *R: Diciamo che c'è più amore … si sposano di più perché si amano, prima spesso si sposavano per riparare o perché non ce la facevano più a trattenersi e volevano fare l'amore e poi una volta sposati scoprivano che era tutto lì. No, io no, mio marito l'ho amato, come si può amare un marito, ma siano stati fidanzati otto anni prima di sposarci e il suo caratteraccio lo conoscevo.*
-   D: Come sono interessanti le cose che dice, ma che relazione hanno con la fede cattolica?
-   *R: È tutto lì. Se credi, devi rispettare le regole. Questo si fa, questo non si fa. Questo Papa dice giusto quando ci ricorda i nostri doveri, anche se non sono molto d'accordo sul terzo mondo. Li dovrebbero far sterilizzare tutti perché fanno troppi figli e li lasciano morire di fame. È meglio non farli, no? però la castità, su quello sono d'accordo. Ci voleva uno che rimettesse un po' a posto le cose.*
-   D: E questo Giubileo?
-   *R: Il Giubileo è una bella cosa. Mi pare un po' troppo un mercato, però, in certi posti. D'altra parte tutto è così. Anche io compro un sacco di stupidaggini … Però è bello perché ti senti come se stessi passando un esame a scuola. Diciamo che hai studiato per molti anni e poi ti danno il diploma … Invece l'unica cosa che ti resta sono le foto ricordo. Noi siamo un gruppo di vecchiacce irlandesi tutte sole e pettegole, se lo immagina?*
-   D: Penso che siate delle adorabili signore anziane …

- *R: Eh, perché lei è giovane, aspetti di avere la mia età.*
- D: Siete contente della vostra sistemazione, dell'organizzazione del Giubileo?
- *R: Si va tutto bene. Padre Peter è in gamba. Sono in un convento di suore irlandesi vicino al Vaticano. Si vede la cupola dal convento. Il cibo è buono, si sa. Mangiamo molti spaghetti e ingrassiamo.*
- D: E l'organizzazione del Giubileo?
- *R: Non ne so molto, perché ci vengono a prendere col pulmino, ci portano dove dobbiamo andare e ci riportano indietro. Ho parlato con una coppia di tedeschi che stava lì nel convento dove siamo noi e dicevano che si erano trovati male ... più di questo non so dire ... noi in questi tre giorni abbiamo sempre potuto rispettare i nostri piani giornalieri. Solo ieri abbiamo aspettato un'ora per entrare alla Cappella Sistina anche se avevano prenotato.*
- D: Mi dispiace ...
- *R: Poco male. Ci siamo divertite lo stesso a guardare la gente.*
- D: Insomma vi siete divertite e avete fatto anche un percorso di fede ...
- *R: Come lo ha detto bene ... Si, ci siamo divertite e abbiamo fatto un percorso di fede. Io torno a casa con un cuore grande così.*
- D: Buon ritorno a casa allora! E grazie!

A paragone di questa mettiamo lo stralcio di un'altra intervista qualitativa (Ricerca sulla Religiosità in Italia, 2017-2019) per mostrare il tipo che chiamiamo "intervista sincopata", con molte interferenze, suggerimenti, interruzioni[4].

Intervista UNI (nel progetto redatto dal direttore di ricerca, questo tipo di intervista intende un libero colloquio con poche domande e interventi di stimolo).
Note dell'intervistata: OMISSIS

(Dopo una breve presentazione e introduzione alla ricerca)

- D: Allora NOME io volevo sapere qualcosa di te ... come vivi la tua vita, quale è il tuo vissuto ...

---

[4] A differenza dell'intervista precedente i cui dati sono stati resi di dominio pubblico, in questo caso omessi nomi di persone e luoghi, date e altri riferimenti. Il simbolo ... (puntini) indica una pausa o un'interruzione o una sospensione tipica del parlato.

- *R: Ma ... la mia vita diciamo è anche abbastanza monotona ... è abbastanza monotona per me ... da quando si sono sposati i ragazzi diciamo che certe volte mi sento anche inutile ... capita ... cerco di riempirla perché ho una casa grande ...c'è molto da fare ... la voglia è poca ... è stata una estate tremenda perché ho sofferto troppo il caldo e mi ha tolto un po' di vitalità ... spero di riacquistarla adesso, quando entrerà il fresco...la mia vita è abbastanza ... non esco molto ... perché a mio marito non piace andare al mare, non piace andare fuori ... cosa devo fare, io non guido ... mi devo attenere, mi devo accontentare diciamo di quello che c'è a San Sperate ... capito ... quando vengono i bambini sono molto felice ... faccio la nonna a tempo pieno, a periodi, quando serve ... e cosa ti posso dire ...*
- D: Tu nella tua vita hai lavorato NOME?
- *R: Si ... si ho anche lavorato ... ho lavorato in fabbrica ... poi quando è nato il secondo figlio non ho potuto continuare perché se ti fai i conti ... tu dovevi pagare una ragazza per guardarli ... come adesso mi ...*
- D: Siamo tornati ...
- *R: La donna di adesso ... e se prende 600/700 euro di stipendio come fai ... se non si aggiusta con i genitori ... i genitori adesso fanno tanto ...*
- D: Si è vero ... abbiamo proprio questo sistema ... funziona così ...
- *R: Si, questo sistema ... ripeto ... se due, insomma se la coppia ha un buon lavoro, un titolo di studio o una laurea che gli consente di trovare un posto decente con uno stipendio un po' decente, allora lo possono fare ... ma se due persone hanno 1.000/1.500 euro al mese come fanno ...*
- D: Ma suoi figli vivono sempre a LUOGO ...
- *R: Sì, sì ... vivono a LUOGO ...*
- D: Li vedi spesso quindi?
- *R: Si, si, li vedo spesso ...*
- D: E con tue nuore come ...
- *R: Ma ... abbastanza bene ....*
- D: Bè, parlami un po' della tua famiglia allora ... da chi è composta ...
- *R: Allora la mia famiglia è composta ... marito, due figli e due nipoti, e due nuore ... è aumentata adesso la famiglia ... prima eravamo in quattro e adesso siamo in otto ... non ho una vita brillante, come magari ... non lo so ...*
- D: E qualche ... ti va di condividere qualche ricordo dell'infanzia o qualcosa comunque del tuo passato, del tuo vissuto ...
- *R: Ma guarda io ti dico la verità che quando ero ragazza, quando ero bambina, ricordo dei particolari anche comici delle mie vicine di casa, che ogni anno ebbero un figlio ... invece mia mamma ne ebbe solo due, io e mia sorella ... e io*

ero sempre gelosa ... dicevo guarda mamma guarda ... e tu non ne fai altri ... e che poi anche da ragazzina diciamo che ... forse il fatto di essere solo in due mi ha sempre un po' annoiato ... lo sai...

- D: Tu avresti desiderato una famiglia più numerosa?
- *R: Sì ... sì, sì...*
- D: Quanti anni avete di...
- *R: Cinque anni...*
- D: E lei è rimasta sempre qui a LUOGO ... anche tua sorella ...
- *R: No, mia sorella è fuori ... mia sorella è a LUOGO ...*
- D: Vabbè, comunque, siete vicine ... Ti sei sposata giovane?
- *R: Sì avevo ETÀ anni quando mi sono sposata ... e quando è nato NOME io avevo ETÀ, ora ha 43 anni ... e l'altro, il secondo 38.*
- D: Ah, ok ... sei anni di differenza ... e tuo marito invece cosa faceva da ... mi hai detto che lui ha uno stile di vita più ... solitario, forse ... sedentario ...
- *R: Lui ... diciamo che ha un frutteto, quindi tutti i giorni va lì al frutteto ... e poi di sera si occupa del giardinetto ...*
- D: Avete un bellissimo giardino ... complimenti, curatissimo, tutto fiorito, tutto perfetto ...
- *R: Sì ci piace tanto ... speriamo adesso ... adesso che stiamo cominciando a invecchiare ...*
- D: ... la voglia scende ...
- *R: La voglia scende sì ...*
- D: È bellissimo però ...
- *R: Però è bello veramente ... il prato poi ... tra l'altro lo cura sempre mio marito ... sì ...*
- D: Ma lui si è sempre occupato di frutteti, cioè anche ...
- *R: Sì, cioè lui lavorava alla NOME ...*
- D: Ah ok, a LUOGO?
- *R: A LUOGO ha lavorato fino a ... eh, 36 anni ha lavorato ... e poi ... però nel frattempo ... il sabato e la domenica si occupava sempre di questo frutteto ...*
- D: Ah ok ... che è vicino a casa si?
- *R: Sì, sì ...*
- D: Ah e poi questi prodotti lui li vendeva?
- *R: Sì, sì, sì, sì li vendeva ...*
- D: Ho capito ... insomma, una vita dedicata al lavoro ...
- *R: Eh ... in pratica ... cioè, anche qualche svago ogni tanto, ma più di andare fuori ...*
- D: Coi ragazzi quando erano bambini, magari qualche gita ... o no?

- *R: Poco. Mio marito era sempre impegnato, faceva i turni, capito ... lavorava anche per Pasqua, per Natale, quando li spettava ... quindi è stata una vitaccia ... e loro, loro adesso li fanno godere i figli, li portano dappertutto ... li portano dappertutto, all'estero, cosa che noi, anche per il carattere, questione di carattere nostro, non è che ... poi anche i soldi non è che fossero un granché ...*
- D: Avete magari investito tanto per la casa, hai una bellissima casa proprio ...
- *R: Eh sì ... eh sì ... certo, certo ... abbiamo investito per la casa e ...*
- D: Poi non so se i tuoi figli hanno proseguito gli studi ...
- *R: No, loro si sono diplomati e non hanno voluto proseguire ...*
- D: Però insomma anche arrivare al diploma è un investimento ...
- *R: Sì, sì, sì ... e quindi, così ... la mia vita è poco ... diciamo ... (pausa) ...*
- D: E che tipo di educazione hai avuto dalla tua famiglia?
- *R: Ma dunque mia mamma era una tipa, diciamo, anche severa ... perché mio padre andava a lavorare in queste imprese e restava fuori anche un mese ... e quindi mamma doveva fare il babbo e la mamma ... ed era abbastanza severa ... non parlava molto, mamma era un po' chiusa ... si è aperta quando noi siamo diventate grandi ... un po' all'antica, prima erano così i genitori, non davano molta confidenza ai figli ... (.)*

Per quanto non si possano rilevare le caratteristiche personali, le persone intervistate nei due esempi sono entrambe anziane e di estrazione sociale medio bassa, ma nel secondo brano l'intervistatore opera tante interruzioni, suggerimenti, propone opinioni (p.es. "Però insomma anche arrivare al diploma è un investimento"), tanto da non far fluire il discorso e di fatto impedendo di acquisire informazioni. Si possono notare, infatti, cambi di tema durante la risposta dell'intervistata così che non si può sapere se mancano alcuni dati della narrazione o se alcune risposte sono state piegate alle considerazioni dell'intervistatore.

Riguardo poi alla trascrizione, che è un'altra importante fase del lavoro perché prepara all'analisi, si possono identificare queste come trascrizioni letterali con adattamento al testo, in cui il trascrittore scrive esattamente ciò che è contenuto nella registrazione audio, ma esclude quelle espressioni tipiche del parlato, come per esempio i prolungamenti delle terminazioni delle parole (*poiii, quandooo* ecc.) o i suoni (*ehh*, *mmh*). In questa (come in altri tipi di trascrizione) si aggiungono anche simboli che sono spiegati da un'apposita legenda e che possono essere (…) pause o altro.

Alcuni autori sostengono anche l'importanza di segnalare il tono o il riso o il pianto, oppure altri elementi che potrebbero essere rilevanti per l'analisi.

Anche qui vi sono pareri e scuole di pensiero diversi tra chi va da una trascrizione sufficiente alla rilevazione dei dati necessari fino alla trascrizione capillare di ogni cosa che è avvenuta nell'intervista (Cardano, 2008).

Diciamo, per concludere, che forse un tempo ciò poteva essere valido, ma la tecnologia digitale moderna – che consente anche la registrazione video – rende meno importante, poco utile, la meticolosità della trascrizione esclusivamente nel senso dei suoni e fattori extra-verbali nonché delle forme capillari del parlato.

Va detto, infatti, che normalmente i ruoli di intervistatore e trascrittore coincidono con la stessa persona, e quando questo avvenga anche per il ruolo di analista è facile rilevare e ritrovare punti salienti e momenti topici extra-verbali che potrebbero avere rilevanza.

Il problema si pone invece quando i ruoli (intervistatore, trascrittore, analista) siano interpretati da persone diverse, e più importante ancora nel passaggio dal trascrittore all'analista.

Anche qui, tuttavia, la tecnologia digitale audio aiuta moltissimo perché è sufficiente segnalare un momento topico (per esempio con il punto esclamativo [!] tra parentesi quadre) e il minuto-secondo della riproduzione audio. A quel punto l'analista, che è il solo che può decidere l'importanza e la rilevanza del dato, raggiunge immediatamente quel punto della registrazione e ascolta direttamente ciò che è accaduto.

Questo non significa che la trascrizione (il consiglio è sempre quello di eseguirla immediatamente) possa essere approssimativa in senso comune, ma solo che l'inserimento e l'uso di tabelle e simboli segnano la

costruzione di un codice che nemmeno esiste come linguaggio univoco
Non è l'alfabeto Morse, non è un codice condiviso ampiamente e quindi
deve essere anche interpretato e decodificato (nel senso delle teorie
della comunicazione) a sua volta dall'analista.

Questo tipo di operazione non è più necessaria come un tempo
quando si usavano le registrazioni magnetiche o addirittura gli appunti
su carta. La tecnologia infatti consente ben altre attività e ha ben altre
caratteristiche, prima fra tutte la disponibilità quotidiana di queste
nuove tecnologie.

È importante, invece, porre nella trascrizione note particolari come
per esempio per quei termini non perfettamente compresi (in audio) o
situazioni vissute *ante*, durante e *post* l'intervista che non possono trovarsi nella traccia audio. Di queste impressioni e situazioni sarà già l'intervistatore a rilasciare una breve relazione chiamata indifferentemente
con nomi diversi (memo, protocollo d'intervista, relazione e simili).

4.3 Il Focus group: *tecnica qualitativa per interviste contemporanee*

Il *gruppo di focalizzazione*, o nel gergo ormai acquisito, il *focus
group*, consiste nel riunire un insieme di individui che abbiano un certo
grado di conoscenza riguardo all'oggetto della ricerca oppure la possibilità di avere relazione con questo e farli dibattere, raccontarsi intorno

a un tema, un argomento, un fuoco, cioè un punto focale che è il tema stesso proposto dal ricercatore[5].

È essenzialmente una tecnica del metodo qualitativo e come tale lascia una certa libertà sia di progettazione e organizzazione, sia di gestione ed esecuzione. Ci sono autori che ne descrivono dettagliatamente le fasi e ne danno una procedura estremamente formale, ma chiunque ne abbia un qualche esperienza sa che si può progettare ed eseguire proprio con quella libertà di cui s'è detto sopra, senza canoni fissi e immutabili, pur restando sempre entro il rigore di una attività scientifica.

E questo perché la ricerca sociale (come pure quella psicosociale e psicologica), ancor più nell'ambito interpretativo della ricerca qualitativa rispetto a quella quantitativa, ha sempre a che fare con un soggetto-oggetto che in definitiva resta libero di rispondere sia nel *cosa*, sia nel *come*. Tutte le accortezze possono aiutare e a volte aiutano, ma non riusciranno mai (almeno con l'attuale tecnologia) a trattare l'essere umano, il suo cervello, le sue emozioni, i suoi stati mutevoli, così come i suoi asserti e le sue convinzioni, come se fosse il minerale di ferro del nostro chimico.

Per esempio, quale deve essere il grado di omogeneità tra le persone riunite nel dibattito? E questo grado con quale criterio dovrà essere stabilito? Questo, per lo più, sarà fatto mediante l'empiria, l'esperienza e il buon senso dello scienziato sociale, del ricercatore, di colui che progetta il *focus group*, il che esclude per definizione una formula strettamente matematica.

Quanto è la durata dell'incontro, il numero delle domande o dei temi da porre in discussione o il numero dei partecipanti? Come progettare la gestione della possibilità che emergano temi più interessanti o esplicativi?

---

[5] Per approfondire i punti di vista sul tema: M. Cardano, *La ricerca qualitativa*, Il Mulino, Bologna, 2011; F. Colella, *Focus group. Ricerca sociale e strategie applicative*, FrancoAngeli, Milano, 2011.

Certamente esistono alcune linee guida che anche per queste domande danno una risposta in forma schematica, ma saranno, appunto, delle linee su cui il progettista può orientarsi. Questo, tuttavia, non toglie che il *focus group* sia una tecnica utilissima per conoscere le opinioni, le esperienze e le conoscenze del gruppo che è stato riunito sull'argomento di studio e ricerca.

Possono essere un insieme di clienti effettivi o potenziali che danno e discutono le loro opinioni e preferenze su un prodotto già in vendita o da lanciare o ancora da progettare. Possono essere insegnanti di scuola primaria che si confrontino su temi pedagogici, didattici o educativi, oppure anche sulla struttura organizzativa delle scuole dove operano, sulle capacità di leadership del loro dirigente scolastico o sul rispetto di tutte le norme. Può essere chiunque sappia qualcosa che interessa lo scopo della ricerca.

Oltre alle interviste di vario tipo, è evidente che il *focus group* si presta particolarmente bene a fornire queste informazioni. Infatti, se pensiamo a quegli stessi individui come a *testimoni privilegiati*, questi ci potranno dare proprio quell'insieme di informazioni di cui non si aveva conoscenza, oppure anche di cui si cerca la risposta, oppure ancora situazioni conosciute in teoria e in letteratura ma che stanno mutando o sono mutate. Vale a dire che il *focus group* è utilissimo anche nella fase della ricerca di sfondo in cui, non avendo molta conoscenza del problema, si assume proprio da quel gruppo una parte di informazioni che orientano la ricerca ovvero la soluzione applicativa[6].

---

[6] Questo avviene spesso nelle attività di *marketing* in cui, per esempio, la fase di progettazione di un prodotto (merce, bene o servizio) sono precedute e seguite da un *focus* su un *target* (specifico universo di riferimento): p.es. un gruppo di maschi adulti (di età stabilita dal ricercatore), appartenente a una data cultura, coniugati con prole, potrebbero essere chiamati ad esprimere le loro preferenze così da guidare poi la produzione stessa di quel prodotto. Oppure, nella ricerca sociale in ambito scolastico, un

Il *numero dei partecipanti* dovrebbe essere da un minimo che consenta il dibattito, cioè un confronto di opinioni, fino a un massimo che ne consenta la gestione e il fatto che non si trasformi in una rissa verbale in cui le persone non hanno la possibilità di parlare, oppure si sovrappongono rendendo incomprensibile e quindi inutile il dibattito stesso. I manuali hanno la tendenza a orientarsi tra un minimo di 5-6 e un massimo di 10-12. Come detto, tuttavia, non è un algoritmo perché tre persone indisciplinate durante la discussione (si immagini un moderno pseudo-dibattito politico della TV spazzatura) possono rendere di fatto impossibile il dialogo e la raccolta delle informazioni.

Un *moderatore* (in genere il ricercatore stesso) è colui che guida il dibattito, possibilmente senza intervenire sui contenuti e svolgendo solo il compito di dirigere e coordinare, ponendo sul tavolo del dibattito i temi e le domande, facendo in modo che tutti possano esporre il proprio pensiero, contenendo gli accentratori o i più esuberanti e facilitando invece coloro che mostrano più difficoltà nell'interazione fra i partecipanti. È quindi colui che tenta anche di evitare i condizionamenti o le prevaricazioni di ogni tipo tra i partecipanti stessi. Deve perciò essere molto attento ad osservare i partecipanti anche quando non siano coloro che stanno parlando in quel momento, per coglierne le reazioni o i segnali non verbali nei momenti di stasi. Egli, di volta in volta, propone i temi (argomenti o domande) che ha preparato in una scaletta e ne segue lo svolgimento fino a quella che ritiene sia una completa escussione. Ovviamente deve essere pronto a cogliere quelle informazioni che vuole approfondire e lo fa con una domanda, con uno stimolo che non era in scaletta.

Qui le capacità personali di interrelazione, di simpatia ed empatia, possono aiutare, ma non si può (o non si dovrebbe) contare su una sorta

---

gruppo di insegnanti di sostegno potrebbe essere chiamato a discutere sulle loro esperienze di lavoro, quindi la condizione della professione, focalizzando i punti deboli, quelli forti, le minacce e le opportunità.

di talento naturale nel far parlare le persone. Occorrono esercitazione e preparazione anche in laboratorio per migliorare le proprie capacità da affinare ogni volta di più nelle esperienze reali.

A lui s'affianca spesso uno o più osservatori col compito di assistere e di rilevare proprio quella parte di comunicazione non verbale o comunque quei segnali, o condizioni dell'ambiente e delle persone, che il registratore audio non può cogliere. Questi sono gli elementi essenziali del *focus group*. Anche qui va ricordato che gli strumenti digitali audio-video e i programmi sempre più evoluti e a costi accessibili consentono di organizzare una eccellente raccolta dei dati.

Questo che segue è uno schema di copertura del campo video.

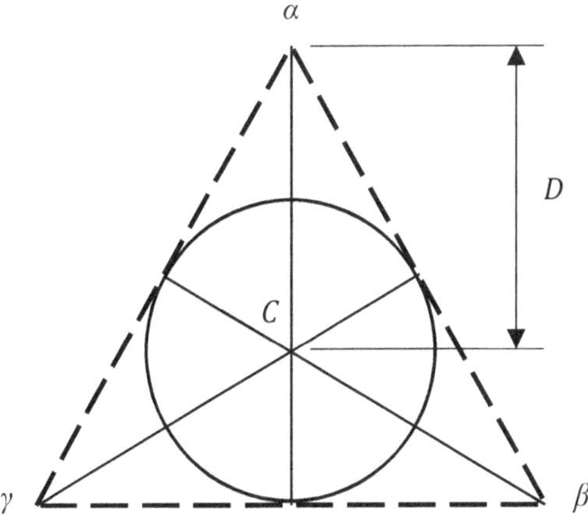

Una posizione a tre punti visivi (α, β, γ), con opportuna distanza dal centro del campo $(D = 2r)$ e con un angolo di 60° per ogni vertice in cui fosse posizionata una videocamera garantisce la copertura dell'intero campo visivo sul centro (C) del focus.

L'uso di un microfono-registratore posto su ogni persona (quando non si abbia anche la versione video) garantisce invece l'assegnazione del parlato al parlante durante la trascrizione[7].

Per fare invece un esempio della possibile impostazione di un progetto, si potrebbe immaginare che il problema sia la "Composizione delle classi e delle sezioni della scuola primaria nell'Istituto Alfa".

Si decide di raccogliere i dati attraverso la tecnica del *focus group*.

Si ammetta (condizione 1) di muoversi senza ipotesi, nel senso già dato, per cui non si vuole anticipare nulla della teoria e si vuole che il risultato emerga quanto più spontaneamente possibile dal caso reale.

Detto altrimenti, si vuole conoscere "se ci sono e quali sono" i criteri ufficiali e/o non ufficiali con cui sono formate e costituite le classi per sezioni all'inizio di ogni anno nell'Istituto Alfa.

Quindi, pur non essendo il ricercatore una *tabula rasa* e perciò avendo comunque e sempre la conoscenza teorica di base oltre a quella fattuale del vissuto, decide di accantonarla (forzatamente) per riprenderla solo successivamente all'avvenuta raccolta dei dati e all'emergere dei primi risultati.

Deve essere ribadito, infatti, che quando si parla di assenza di ipotesi non ci si riferisce a un qualche miracoloso annullamento della conoscenza che è propria dello scienziato sociale (e di qualsiasi altro individuo): questo è ovviamente impossibile. Si tratta invece e molto più semplicemente del fatto che le ipotesi, anche se ci fossero, sono temporaneamente accantonate e si ricercano i dati da dovunque arrivino.

---

[7] Chiunque abbia avuto l'esperienza di trascrivere il parlato di un *focus group* senza avervi partecipato conosce la difficoltà di riconoscere gli intervistati solo dalla voce. Può anche accadere, infatti, che il "giro tavolo" delle risposte si interrompa per l'intervento di uno dei partecipanti, e questo può divenire un problema serio se per il ricercatore è importante assegnare le dichiarazioni a ogni singolo partecipante.

In forma figurativa, mentre con le ipotesi si hanno strade più o meno larghe, più o meno diritte, e il paesaggio può scorrere ai lati di quelle strade, con l'assenza di ipotesi si cammina in quel paesaggio.

È evidente che ancora le capacità del ricercatore e il suo buonsenso lo guideranno. Probabilmente se avesse un'ipotesi forte (una larga strada diritta) percorrerà quella, ma se non l'avesse sarebbe intelligente se si guardasse intorno.

Si ammetta poi (condizione 2), anche attraverso tutte le difficoltà che è facile immaginare, di avere avuto le opportune o necessarie autorizzazioni da tutto l'intero corpo della scuola, intendendo quindi anche dalle famiglie e dagli studenti oltre che dal corpo insegnate e amministrativo.

Si può costruire una sorta di "campione" ragionato, cioè formare i gruppi di discussione stabilendo alcuni parametri che potrebbero far emergere situazioni diverse.

Per evitare interferenze e posizioni di disparità di forza/potere, in una prima fase si può pensare di escludere il corpo insegnate e amministrativo, e di concentrarsi esclusivamente sulle famiglie, quindi i genitori e i titolari della potestà o tutela[8]. Di questi si immagini e si decida un numero n di gruppi, ognuno composto da $m \pm 2$ persone e diversamente costituiti a seconda (per esempio) i seguenti parametri:
-    Familiari di alunno-alunna (rapporto di parentela e grado).
-    Genere del familiare e dell'alunno.
-    Classe di istruzione frequentata dall'alunno-alunna.
-    Partecipativi o non partecipativi della vita della comunità scolastica, a iniziare dalla frequenza ai colloqui (costruzione di una scala graduata o indice elementare).
-    *Status* della famiglia (per mezzo di informazioni già note).

---

[8] Si può supporre, infatti, che ci sia un genitore che possa avere più difficoltà nel criticare negativamente e apertamente in sua presenza un docente per comportamenti che ritiene ingiusti o discriminatori verso il proprio figlio o figlia.

Altresì si può pensare di legare queste operazioni e i risultati che ne deriveranno anche al rendimento scolastico degli alunni, come variabile non unica ma significativa-comparativa. Per esempio potrebbe risultare che la variabile "collocazione in sezioni privilegiate" abbia una relazione con la variabile "migliore rendimento".

Potrebbe risultare che il rendimento inferiore è un fenomeno che dipende in tutto o in parte dal ceto-classe sociale e quindi anche dal livello di istruzione dei genitori, oppure che in questo fenomeno rientra anche la collocazione in sezioni (di classi scolastiche) privilegiate. Oppure anche dalla discriminazione per la maggiore o minore attenzione che eventualmente gli dedicano alcuni docenti.

Fenomeni che pure avvengono dentro le scuole, come avviene quello del bullismo o anche quello del comportamento a volte violento di genitori verso i docenti o gli insegnanti.

In ogni caso, come si può constatare, si tratta di idee che seguono la conoscenza, la logica e il buon senso di tutto quanto fin qui detto.

Con questi elementi, si potrebbero costituire i gruppi di *focus* combinandoli assieme. Gruppi variamente misti, oppure solo donne e solo uomini, o anche gruppi del tutto casuali. Insomma una combinazione che sarà il ricercatore a decidere, purché sappia poi spiegare metodologicamente le sue scelte.

Le domande che costituiranno la scaletta su cui sviluppare le discussioni saranno anche queste una conseguenza di ciò che si vuole conoscere (cioè le specificità della domanda cognitiva quando definitivamente ed effettivamente formulata). Allora da quella verranno le domande da porre, restando attenti a far fluire le dichiarazioni di tutti i partecipanti e a cogliere anche la novità, cioè la variabile inaspettata che quindi potrà essere indagata ulteriormente. Una variabile inaspettata, quindi fuori dal progetto di ricerca pur meticoloso, che condurrà a nuove decisioni e scelte lungo quel "sentiero con molti bivi e diramazioni" (Kriz, 1988) quale è quello della ricerca sociale.

Alla fine però, i risultati, qualunque siano, non saranno più un'opinione personale come quella del singolo uomo comune, ma una ricostruzione scientifica che potrebbe restituire (confermare, modificare, confutare) alcune teorie sociologiche, per esempio quelle della diversità, dell'emarginazione o dell'etichettamento, oppure quella dell'inclusione, o anche costruirne di nuove (scoperta).

4.4 Scala di Bogardus (Social distance scale)

La *Social distance scale* è una scala per la misurazione dell'intensità della distanza sociale, ideata dal sociologo statunitense Emory S. Bogardus (1882-1973).

La scala è definita come "psicologica", fa parte delle *tecniche delle scale di valutazione* e tende a misurare in modo empirico la volontà che gli individui hanno di avvicinarsi ad altri individui posti (anche) a un livello di stratificazione diverso dal proprio. La distanza sociale è intesa quindi in questo senso di repulsione-attrazione di un individuo verso un altro ed è particolarmente concentrata sulle differenze sociali (socioculturali ed economiche).

In realtà, trattandosi di una rilevazione empirica basata su dichiarazioni, la misurazione ottenuta riguarda l'atteggiamento inteso come la predisposizione all'agire. In questo senso, appunto, diventa *scala di atteggiamento* propriamente detta, poiché, per esempio, dichiarare (sulla carta) di accettare la vicinanza con una famiglia di Rom o di Nigeriani (tra gli stereotipi classici del *diverso*), non significa poi comportarsi di conseguenza quando si verifichi la situazione reale. Certamente l'atteggiamento è una tendenza e spesso anche forte che rientra proprio nelle previsioni di uniformità tendenziale e in qualche caso di probabilità, ma come ormai è noto non è dato come prevedibilità certa che invece potrà darsi solo col dato osservabile del comportamento.

Tuttavia le scale aiutano non poco il ricercatore e il professionista che vogliano analizzare gli individui in moltissimi temi come, per esempio, le relazioni sociali, i bisogni, l'integrazione e altro[9].

Sta di fatto che la scala è in qualche modo tranquillizzante per l'analista degli ambienti (lavoro, studio ecc.) perché fornisce il parere diretto di coloro che sono sotto analisi. Descrive in qualche misura il campo su cui si deve operare e restituisce dati che diventato punti di riferimento per il professionista.

In questo senso l'attenzione e la preoccupazione è spostata sulla valida costruzione della scala (qualunque sia) per ottenere il primo risultato più rilevante: l'approssimazione quanto più possibile della risposta all'atteggiamento e ipoteticamente al comportamento del soggetto.

Da questi pochi cenni e dalla breve descrizione che segue è intuitivo comprendere che qualsiasi analista può costruire una sua scala purché ne dimostri la validità dei risultati: ancora una volta la scienza sociale non costruisce algoritmi in senso proprio.

La scala *Bogardus*, come strumento propriamente detto, è una serie di sette posizioni di prossimità, con diversa gerarchia ordinata dal minore al maggiore o viceversa.

Il soggetto in esame risponde positivamente o negativamente (*Sì-No*) a queste posizioni e proposizioni che presentano sempre lo stesso concetto (per l'esempio di prima, i Rom), ma *con gradienti gerarchici di intensità diversa*. Ognuna di queste vale un punto cumulato, quindi dal

---

[9] Ne esistono moltissime e in moltissimi campi scientifici e professionali. Alcune di queste sono la *Likert*, la *Thurstone*, la *Guttman*, la *TLL*. Esistono anche scale di preferenze verso lavori e colleghi di lavoro (*Last-Preferred Coworker* – LPC) e molte altre. In particolare per la *TLL* (*Thurstone Likert Like*) ideata e realizzata in «Sapienza Stvdivm Vrbis», vedi L. Cannavò, *Oltre Thurstone e Likert. La valutazione di atteggiamenti e motivazioni con la tecnica TLL*, Euroma, La Goliardica, Roma, 2003.

minimo di uno al massimo di sette. A seconda della direzione (da minore-debole a maggiore-forte) la risposta a una di queste implica il consenso (o il dissenso) anche a tutte le altre che seguono o che precedono in funzione dalla direzione della gerarchia delle affermazioni proposte, cioè dalla più forte alla meno forte o anche viceversa se proposte in modo inverso.

In questo modo si presume che quella sia la sua posizione verso ipotetici altri individui e/o situazioni

Supponiamo che ci si rivolga *a uno stereotipo di individuo* caucasico, cittadino/a italiano/a, cattolico/a e di *status* sociale elevato.

Se, come nella forma classica, la prima di queste affermazioni fosse "1. Accetterebbe di sposare una/un Rom?" e l'ultima fosse "7. Vorrebbe cacciare i Rom dall'Italia?", è evidente che il gradiente andrebbe dalla minima (1) alla massima (7) *misura della distanza sociale* che si mantiene o che si vorrebbe mantenere con quella categoria di individui.

Detto più semplicemente, un individuo che accettasse di sposare un/una Rom negherebbe ogni altra affermazione che sia peggiorativa in termini di esclusione e quindi di distanza sociale e meno che mai accetterebbe la "cacciata dall'Italia".

Dunque la risposta affermativa a quella che in questo caso occupa la prima posizione annulla tutte le altre (peggiorative) che, nei temi di fondo e ancora per esempio, potrebbero focalizzarsi in: "2. Amicizia", "3. Vicinato", "4. Rischio di contaminazione, commistione o sincretismo culturale", "5. Lavoro, come concorrenza", "6. Esclusione parziale o ghettizzazione".

Ribaltando l'ordine delle affermazioni il risultato in effetti non cambia: se il soggetto rispondesse affermativamente ("Sì") alla proposta "Vorrebbe cacciare i Rom dall'Italia?", è evidente che non potrebbe dare l'assenso a quelle successive con minore distanza sociale.

La scala di Bogardus, si presenta dunque come *scalogramma* con ordine crescente o decrescente; il punto in cui si fermano le risposte è il risultato numerico da cui determinare l'analisi.

Se è pur vero che esistono tecniche e strumenti più complicati che superano la capacità di analisi di molte scale (come l'analisi fattoriale a più dimensioni), è altrettanto vero che una rilevazione di questo tipo è di facile costruzione e somministrazione, soprattutto quando si tratti di applicazioni a corto o cortissimo raggio entro asili, aule scolastiche, centri di assistenza sociale e simili.

Quando infatti si pensa alla ricerca applicata alle professioni sociali non si devono intendere solo le ricerche per la loro grandezza e impiego di risorse o anche per importanza universale dei temi. Infatti, come più volte detto, la ricerca serve per fare affermazioni sul mondo (o universo che circonda colui che vuole affermare qualcosa), e se questa affermazione è fatta senza dati ricercati, trovati ed elaborati, allora è una mera opinione personale e *a*-scientifica.

Le decisioni politiche (e lo sono anche quelle prese dal dirigente o dal responsabile all'interno di una piccola organizzazione, la sua piccola *polis*) devono basarsi su affermazioni scientifiche se si vuole conservare il titolo di professionista.

4.5 Sociometria

Il termine fu coniato dal sociologo Adolphe Coste nel 1899, e introdotto nelle scienze psicologiche e sociali dallo psichiatra J.L. Moreno (1889-1974).

Qui la danza delle diverse definizioni parrebbe frenetica: "Un nuovo campo di studi" (Grassi, 2002, p. 80), un "metodo di ricerca (…) l'insieme delle tecniche e degli strumenti" (Gini, 2012: § 4.5.0), uno "strumento matematico" (EMT, 7-948), e la lista potrebbe continuare. Ferrarotti la definisce un "metodo per misurare ed esprimere graficamente" il fenomeno (Ferrarotti, 1968: 432.): i termini di metodo, strumento e tecnica sono quindi usati con libera intercambiabilità di significato.

Con sociometria, almeno in senso generale, si vuole comunque intendere la misurazione e l'analisi delle relazioni che prendono forma in un raggruppamento sociale, considerando questo come termine generale di ogni possibile insieme di due o più persone[10]. Si tratta di solito di raggruppamenti di piccole dimensioni e più spesso dei gruppi dei pari, quindi di fatto, la consideriamo una tecnica (procedure e norme) che può rivelarsi molto utile.

Eviteremo la storia e il dibattito sulla sociometria, come anche gli sviluppi nello *psicodramma* e nel *sociodramma*, tra coloro che ne sono cultori o detrattori, tra chi la definisce una scienza a sé stante o chi la descrive esclusivamente come un metodo, tra chi la spinge nelle soluzioni terapeutiche dei mali del mondo (Moreno, 1934)[11] o chi non la considera affatto oppure non la conosce.

La presentiamo, invece, in poche righe, in forma semplificata e solo per consentire poi al lettore – come per tutte le altre proposte – la scelta di approfondirla per i suoi fini pratici e professionali.

Insomma, è un altro attrezzo da mettere nella cassetta.

---

[10] Gruppi sociologici, comunità, aggregato, folla e ogni altro tipo che la nomenclatura manualistica sociologica prevede nelle sue classificazioni (Delli Poggi, 2019a).
[11] È la primaria idea di Moreno.

Il metodo usato è quello quantitativo nel senso che abbiamo dato, quindi rilevazioni che (comunque costruite sugli uomini) sono trasformate in numeri che poi sono elaborati matematicamente, anche con operazioni non del tutto semplici[12].

L'oggetto delle misurazioni sono le *relazioni sociali* che un individuo stabilisce con gli altri in un qualsiasi gruppo (Delli Poggi, 2019a: 107-112), e il *test* sociometrico ne è uno strumento tipico.

Riguardo al concetto di relazione sociale Weber afferma che:

Per "relazione sociale si deve intendere un comportamento di più individui instaurato reciprocamente secondo il suo contenuto di senso, e orientato in conformità. (…) la relazione sociale consiste esclusivamente nella possibilità che si agisca socialmente in un dato modo (dotato di senso), quale che sia la base su cui riposa tale possibilità. (…) Il concetto di relazione sociale non asserisce nulla in merito alla sussistenza, o meno, di «solidarietà» tra gli individui che agiscono" (Weber, 1922: 23 segg.)

L'attività è svolta dal ricercatore o dall'insegnante o comunque dal conduttore della rilevazione. Questi dà ai partecipanti una spiegazione che possiamo definire operativa-organizzativa, in cui presenta come si procederà nel *test*. Quindi consegna un modulo (il *test come* strumento materiale) nel quale è riportata una situazione ipotetica.

Immaginiamo si tratti di una classe di adolescenti oppure un gruppo di persone in associazione, e immaginiamo che gli sia chiesto di svolgere un'attività ricreativa di qualche tipo ("Con chi andresti in gita?").

A ogni singolo soggetto è chiesto di esprimere con *chi* di quel raggruppamento vorrebbe e con *chi* non vorrebbe svolgerla (le scelte di *accettazione* e *rifiuto*).

---

[12] Oggi, in questa come in tutte le altre attività di ricerca, le operazioni computer-assistite consentono elaborazioni e calcoli che un tempo dovevano essere fatti a mano o al meglio con una calcolatrice.

Sulla base dei risultati si costruisce una *matrice* (tabella righe per colonne) in modo da ottenere dei punteggi secondo lo speciale metodo di calcolo matematico che lo stesso Moreno ha prodotto. Il risultato, dopo alcune operazioni, sono degli indici (detti di *efficienza di esplorazione*, *efficienza di ignoramento* e di *coesione*) sulla base dei quali sono realizzate analisi psicosociali e infine anche dei diagrammi detti, appunto, sociogrammi.

Alla conclusione di queste analisi il rilevatore è o dovrebbe essere in grado di conoscere la dinamica del raggruppamento in cui opera, i gruppi effettivi e i sottogruppi, i ruoli, le posizioni dominanti, le subordinate, le cooptate, le indifferenti (verso la centralità del raggruppamento) e le ignorate (dalla centralità e dalla sua cerchia), così come le posizioni dominate o emarginate. Da quella analisi può poi essere stabilita l'azione da progettare e attuare.

Va detto che la sociometria viene applicata in diversi modi e che queste applicazioni per il risultato finale possono presentare delle variazioni con procedure più o meno diverse e più o meno complicate.

Inoltre, dobbiamo ricordare che un insieme di individui, come per esempio una classe di bambini, non necessariamente è un gruppo unitario. Anzi, molto spesso, come in tutti i raggruppamenti sociali che non provengono dalla medesima comunità sociale[13], ci si trova davanti a un insieme di gruppi (a volte sono semplici *atomi sociali* o singoli individui). Questi possono essere e sono anche in conflitto, con sottogruppi, cricche e consorterie che prescindono dall'età e dalla violenza che possono esprimere, anche tra adolescenti, tra bambini, tra coetanei[14].

---

[13] Si suppone che una comunità sociale ristretta può essere più o meno chiusa così che gli individui si trovano in un luogo-parte di questa comunità (all'*interno* come scuola) ma si *ritrovano* spesso tutti o quasi in molte parti anche all'*esterno*. Una grande società urbana, pur non negando la vita di comunità, vive il lavoro, la scuola ecc. spesso all'*esterno*, quindi come luoghi parziali ed estranei ai quelli della vita quotidiana.

[14] Per noi un "atomo sociale" *è la coppia di individui in uno stesso spazio sociale di interazione*, cioè due *socii* (Delli Poggi, 2019a). Diversa è invece la definizione di

Dovremo dunque trattare quell'insieme come un raggruppamento sociale, cioè un insieme di individui posti in uno spazio o campo di interazione. In quell'ambito vedremo se e come esistano dei gruppi propriamente detti (Delli Poggi, 2019a: 144-147), in tutte le loro sottospecie, se anche esista il tipo dell'individuo isolato o che tende a isolarsi o ad essere isolato, come pure emarginato, etichettato o ammirato.

Di seguito la riproduzione semplificata di un sociogramma a rete.

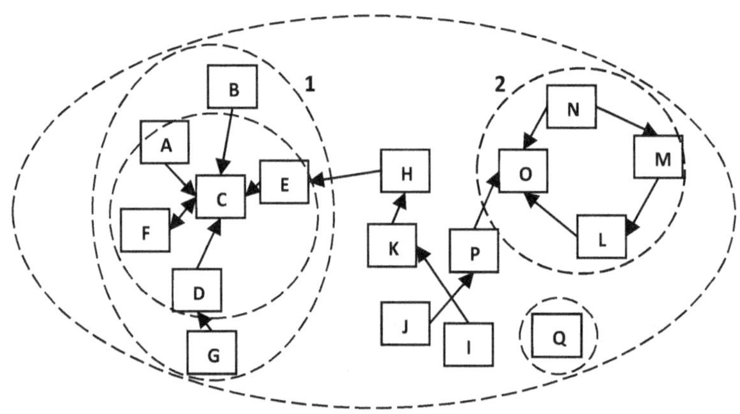

Solo per facilitare la lettura, i livelli d'interazione sono ridotti a *una sola scelta primaria*, escludendo i *rifiuti* e le altre *scelte subordinate-susseguenti* o rivenienti da altre domande del *test*. Questo, ovviamente,

---

Moreno, che usa questi stessi termini per significare *un individuo e le sue relazioni*. Altra cosa ancora, è l'individuo per Raymond Boudon (1934-2013) quando è inteso nella visione dell'*individualismo metodologico*, in cui sostiene che è l'individuo "l'atomo logico dell'analisi sociologica", riferendosi ai suoi attori individuali che possono essere anche "ogni tipo di unità collettiva", purché compiano azione collettiva (Boudon, 1979, 1980: 33).

non può rendere un sociogramma nel suo complesso, ma ne dà una comprensione immediata.

Una prima analisi di questo nostro esempio direbbe, perciò, che si tratta di un *raggruppamento* con diciassette individui (A ... Q) in cui si evidenziano *due gruppi sociologici* (1 e 2).

Il gruppo 1 appare gerarchico-autoritario, i cui membri sono tesi verso la figura del preferito, del capo, del *leader* (C), costituendo, altresì, due lievi di marginalità (B e G), seppure sempre all'interno del gruppo stesso. Quel capo ha solo un punto di preferenza in F che è ovviamente reciproco, e questo, assieme ad E, D e in parte A costituiscono una cerchia più ristretta.

Il gruppo 2 appare democratico, in quanto più paritario. Le relazioni appaiono molto più omogenee, distribuite nelle *preferenze*. Esistono poi due linee di esterni (I, K, H) e (J, P) che tenderebbero verso l'uno o l'altro dei due gruppi tramite le preferenze sequenziali (scelte) rispettivamente fino ad E e O. Esiste anche Q che appare in chiara posizione di *marginalità* (non sceglie e non è scelto).

Il fine migliore di questo tipo ristretto di sociometria sembra essere proprio questo: giungere ad avere una mappa delle relazioni che inoltre possa essere comparata nel tempo (studio longitudinale) per studiarne il mutamento o gli esiti dall'azione del professionista.

Certamente in queste operazioni di analisi sono usati dei numeri che restituiranno un valore di quelle relazioni – da qui le elaborazioni degli indici e di qualsiasi altro dato espresso in forma matematica – ma basterà ricordare che quei numeri derivano sempre da una dichiarazione soggettiva di un individuo. Perciò si tratta di giudizi di valore individuali (*Ego* v/s *Alter*) e quindi diversi da variabili strettamente numeriche come sono l'età o il reddito.

È questo un punto da tenere sempre presente proprio per dare più forza alla ricerca con metodo quantitativo perché si approfondisce e a volte si demistifica il senso del numero riportandolo alla sua chiarezza.

Infatti, lo stesso rendimento scolastico che nei diversi cicli di studio ognuno ha conseguito, è certamente espresso con un voto, cioè con un numero, ma può essere considerato solo in parte oggettivo, essendo il risultato di un giudizio comunque soggettivo dato da coloro che esaminano e valutano in condizioni sociali e storiche sempre differenti, dove quindi non solo il giudicato ma anche il giudicante, nel tempo, è diverso da sé stesso.

4.6 Corner's boys. Struttura di un gruppo reale

Ancora una suggestione riguardo alle relazioni di influenze in un gruppo sociale è *The Corner's boys*, il gruppo reale oggetto della famosa ricerca realizzata da William Foote Whyte (*Street Corner Society*). Quello che segue è il modello di *etnografia urbana* quale esempio di analisi della *gang* reale.

In questo caso, però, non si tratta di un sociogramma in senso stretto *à la* Moreno, ma del risultato della tecnica dell'*osservazione partecipante* da cui Whyte trarrà quasi tutti i dati per descrivere quel gruppo.

L'osservazione partecipante è dunque una tecnica, ed è utile soprattutto negli studi antropologici, etnografici e poi etnologici, in cui il ricercatore vive col gruppo che intende studiare.

L'antropologo Bronisław Malinowski (1884-1942) è tra i suoi principali rappresentanti. La sua famosa ricerca condotta nelle Isole Trobriand (*Argonauts of Western Pacific*, 1922) spostò di fatto l'antropologia verso l'attività di ricerca etnografica sul campo.

Perché abbia la possibilità di essere efficace, questa tecnica deve durare molto tempo, da qualche settimana a molti mesi, studiando il caso dall'interno, quindi osservando, ascoltando, domandando mentre si vivono in prima persona le esperienze di quegli individui. Ovviamente esistono molti rischi e molti accorgimenti da tenere in considerazione, e tuttavia è proprio dal vivere con quel gruppo, occupandone un ruolo qualsiasi con le relative funzioni, che il ricercatore raccoglie i dati che costituiranno poi la base delle sue affermazioni[15].

Si tratta di un tipo particolare di osservazione, dato che l'osservazione stessa, come parte della triade del rapporto dialogico, è comunque sempre presente pur se in maniera più o meno importante[16].

Il ruolo del ricercatore può essere palese rispetto al gruppo che vuole studiare (quindi è un ricercatore che si è dichiarato tale e che quindi è stato accettato) oppure parzialmente o totalmente nascosto-segreto.

Anche se ci sono discussioni e polemiche di tipo accademico concernenti l'aspetto deontologico, l'altra modalità di condurre un'osservazione partecipante è appunto quella nella forma dell'anonimato in cui, pur considerando anche i dovuti rischi, il ricercatore-osservatore riesce a far parte del gruppo da studiare senza che i componenti di questo conoscano il suo ruolo. Vale a dire *chi* è, *cosa* fa e *perché* lo fa.

Esiste anche quella terza tipologia (diciamo "mista") che è a metà strada e concerne il fatto che il ricercatore-osservatore è ignoto al gruppo da studiare, ma è conosciuto dai vertici di quel gruppo. Vale a dire che una parte (qualsiasi) del gruppo sa chi e cosa è, mentre un'altra parte lo ignora.

Potrebbe trattarsi, per esempio, di un'analisi dentro un'impresa, in cui il professionista (consulente) sia (eventualmente) inserito come impiegato al pari dei colleghi nell'ambiente che intende studiare, ma deve essere necessariamente noto al dirigente perché sia inserito legalmente.

---

[15] Per approfondire: Cardano, M. (2003, 2007) cap. 4.

[16] Un questionario di tipo statistico o la lettura di un vecchio diario autobiografico non richiedono particolare riguardo all'osservazione dello spazio di interazione (anche se può sempre portare un'informazione), mentre nelle tecniche di tipo qualitativo tale attività è molto più rilevante fino a diventare necessaria. Nella ricerca nell'ambito delle professioni sociali, lavorando su un soggetto-oggetto, è giocoforza che l'osservazione sia un'attività inespungibile e lo è ancora di più quando si lavori con bambini.

È evidente che in questo specifico caso (e simili) il rischio dell'illegalità è altissimo per non dire che è quasi certo soprattutto per un tipo di legislazione come quella tradizionale europea.

Si pensi soltanto alla normativa sulla privatezza, ed è altrettanto evidente che il ricercatore-professionista che si avventuri in situazioni limite di questo tipo deve usare tutte le cautele e deve stabilire l'anonimato, su persone o fatti e qualsiasi altra cosa di cui venga a conoscenza, come una sua legge personale e inviolabile. Senza il consenso formale e scritto da parte di chi è soggetto di studio (fin dalla semplice intervista) non si possono utilizzare e ancor meno pubblicare dati.

In quasi tutti i casi (in tutti i tipi di ricerca), se non diversamente autorizzato, i dati devono essere pubblicati in maniera aggregata e in nessun caso riconducibile al soggetto stesso (salvo appunto se differentemente stabilito nella liberatoria per l'autorizzazione all'uso).

L'anonimato, comunque, resta un punto importante che il ricercatore-professionista deve sempre tenere presente.

La polemica (deontologica e legale) di raccogliere dati in maniera evidente o nascosta attraversa in effetti molta parte dei metodi di ricerca. In questo ambito al neofita non interessa l'approfondimento di questo argomento ed è sufficiente sapere che la discussione si svolge essenzialmente su questa idea: il soggetto-oggetto che non sa di essere osservato fornirà dati più rispondenti alla sua realtà e non porrà in essere le sue difese psicologiche nel rapporto sociale, compresa la mistificazione e anche la menzogna.

Per quanto sia rischioso, infatti, la ricerca sociale (in particolare antropologica) si può spingere al livello dell'inchiesta e dell'indagine nelle sottoculture e nelle culture devianti o criminali dove la legalità non esiste o è quasi nulla.

Nel caso di Whyte la sua posizione è di fatto mista, e il *leader* della *gang* al quale si presenta, dopo averlo ascoltato, lo accetta, lo prende sotto la sua protezione e lo presenta agli altri componenti del gruppo.

Questi, pur secondo diverse forme di comportamento e di volontà individuali, lo accettano per il solo fatto che è il loro *leader* a dirgli di farlo. Allo stesso modo chiunque esterno al gruppo (alla *gang*) lo riconosce come un amico e un protetto dall'uomo forte della *gang*.

È evidente che in questo modo la variabile "ricercatore estraneo che studia palesemente" diventa un elemento di disturbo che incide necessariamente sul comportamento di quel gruppo.

Ernst Pecci, che nel testo assume il nome in codice di "Doc", è il *leader* dei Nortons ed è con lui che Whyte deve negoziare per essere ammesso in quel gruppo.

È significativo leggere un piccolo brano originale tratto dalla autobiografia dello stesso Whyte:

"Pecci heard me out without any change of expression. Then he asked, «Do you want to see the high life or the low life? ».
[Whyte] «I want to see all that I can. I want to get as complete a picture of the community as possible».
[Doc] «Well, any nights you want to see anything, I'll take you around. I can take you to the joints – gambling joints. I can take you around to the street corners. Just remember that you're my friend. That's all they need to know. I know these places, and if I tell them you're my friend, nobody will bother you. You just tell me what you want to see, and we'll arrange it»" (Foote Whyte, 1994: 68).

Si rilevano qui due passaggi importanti tra quelli di cui si è discusso:

- «I want to see all that I can. I want to get as complete a picture of the community as possible». Significa, in parte, che Whyte non conosce il fenomeno e vuole "vedere tutto ciò che è possibile". Quindi non ha ipotesi è il scopo è lo studio per l'analisi di quella cultura.
- «Just remember that you're my friend. That's all they need to know». Nessuno intorno a Whyte deve sapere nient'altro che lui è suo amico

(e tanto basta che dica), perché "è tutto quello che loro hanno bisogno di sapere". Questa relazione con un individuo che può "aprire le porte" è un esempio di risorsa per avere accesso alle fonti.

Mediante le sue osservazioni Whyte raccoglie i dati (appunti, diario, schede di registrazione ecc.) che gli consentiranno di descrivere anche graficamente quel gruppo in un punto della sua storia.

Il primo schema che diamo di seguito (*The Nortons*) è dato dalla situazione originale trovata dall'autore nella primavera-estate del 1937.

Il nome Nortons deriva dal nome della strada (*Norton Street*) nella zona del North End di Boston. La strada va da *Speedwell Street* verso *Bowdoin Street* per poi formare un angolo retto e congiungersi con *Richfield Street*.

Gli schemi che seguono sono una riproduzione di quelli costruiti da Whyte nel suo lavoro. Non sono le forme originali ma ne rispecchiano perfettamente il contenuto e il senso.

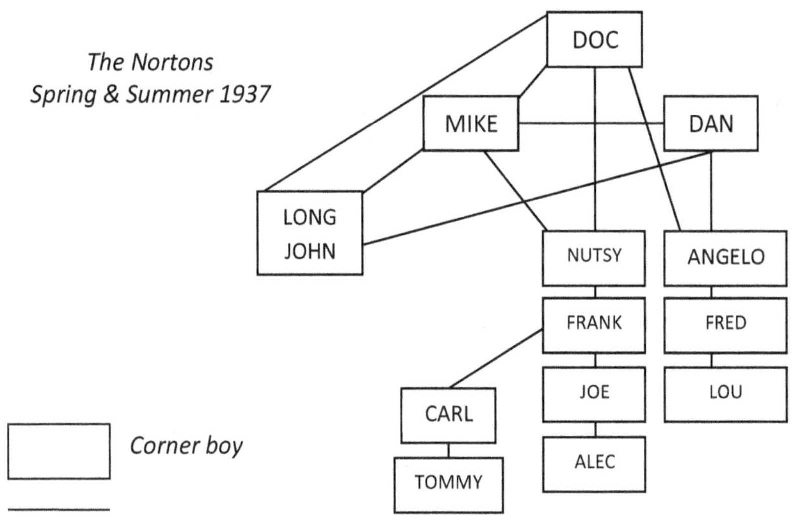

Come si vede i *Boys* mostrano una serie di relazioni che, privilegiando l'uno o l'altro gerarca del proprio sottogruppo, inteso come colui che è subordinato ma più vicino al *leader*, costruiscono una specie di organigramma informale (cioè non codificato), ma altrettanto forte da cui deriva una serie di comportamenti che hanno sostanza coercitiva per chi appartiene a quel gruppo.

Long John, uno fra gli altri, per esempio, è una sorta di *outsider*, mentre Nutsy è come se fosse a capo di due sottogruppi che, attraverso lui, rispondono a Doc che è il chiaro e indiscusso *leader* della *gang* dei Nortons.

Il secondo schema mostrato nella pagina successiva (*Angelo's boys*) rappresenta una sezione dello stesso gruppo dei Nortons descritto dall'autore dopo un periodo di circa un anno.

Come si vede le modifiche nelle posizioni sono evidenti, e questo è dovuto ai normali cambiamenti che hanno segnato le storie di quegli individui e pertanto il mutamento della *gang*.

È evidente che ovunque siano le persone cambiano e quindi cambiano le loro storie, ma qui è interessante vedere come Whyte raccolto ed elaborato queste informazioni nel tempo, giungendo a questa nuova struttura dell'organizzazione.

Il mutamento ha comportato, tra gli altri, il fatto che Angelo (al terzo livello dello schema precedente) assume il controllo diretto e indiretto di una struttura gruppale.

Per entrambi gli schemi, come scrive lo stesso Whyte, "Positions of boxes indicate relative status" (Foote Whyte, 1943: 19 e 49).

Sociologicamente parlando, quindi, la struttura piramidale delle stratificazione sociale si ripresenta anche nei gruppi sociali di vario tipo quando vi sia, come avviene più frequentemente, un'organizzazione gerarchico-funzionale, cioè verticale-verticista e autoritaria più che autorevole.

Diversamente invece ci si può trovare in un struttura democratica, cioè orizzontale, in cui il ruolo del *leader* si affievolisce dal punto di vista dell'autorità mantenendo o aumentando a volte l'autorevolezza.

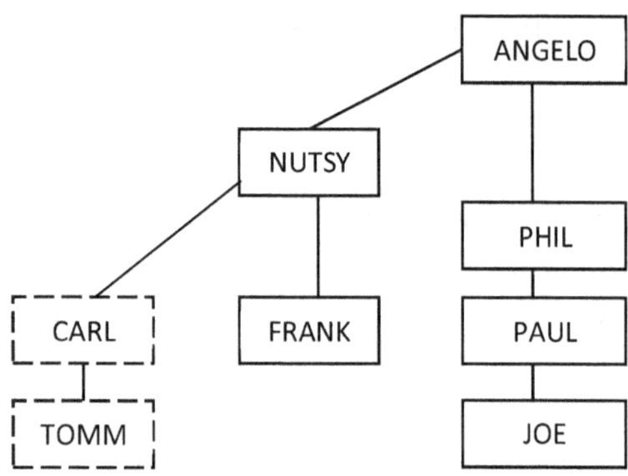

4.7 Pregiudizio e giudizio: scala di valutazione e intervista qualitativa

In questo paragrafo presentiamo l'esperienza di ricerca di Chiara Amoroso (LM50) che nel 2018 ha sostenuto la sua tesi sperimentale dal titolo: *Cultura della diversità. Atteggiamenti e comportamenti nei confronti delle persone con disabilità intellettiva* (Amoroso, 2018).

Si tratta di un esempio applicativo idoneo, sia perché ristretto e focalizzato al campo professionale, sia perché un'applicazione puntuale di metodo misto.

Last but not least, è un esempio calzante anche perché di dimensioni molto contenute che rappresentano una tipica attività scientifico-professionale all'interno di una associazione, cioè del proprio ambito di lavoro al quale, in definitiva, sono destinati i maggiori sforzi formativi compiuto dai futuri professionisti del sociale[17].

In relazione al tipo di lavoro, il disegno della ricerca è di orientamento esplorativo, seguendo l'idea di base della *Grounded theory* che possiamo sintetizzare nella formula "dai dati alla teoria", cioè con nessuna ipotesi predeterminata (Cipriani, 2008).

La domanda cognitiva è: quali sono gli atteggiamenti e i comportamenti delle persone comuni verso le persone con Sindrome Down?

Lo spazio di indagine è limitato dell'esperienza AIPD Roma (campione rappresentativo del suo stesso universo, con risultati inferenziali non estendibili). Vale tuttavia come ottima ricerca di sfondo.

Come detto è un approccio che può essere considerato *mixed methods*, facendo corrispondere il tipo di domanda cognitiva ai metodi ritenuti più idonei per la risposta, quindi alla scelta delle tecniche e alla costruzione degli strumenti.

---

[17] Questo lavoro di ricerca è stato svolto entro l'Associazione AIPD, Associazione Italiana Persone Down, sezione di Roma.

In questo senso sono state scelte due tecniche: 1) quali-quantitativa con scheda-scala di valutazione; 2) qualitativa con interviste a Osservatori privilegiati.

La risposta agli atteggiamenti è fornita dalla scheda-scala di valutazione che è di *tipo* Likert, modificata con un punteggio 0-10 con dicotomie approvo-disapprovo, basso-alto.

La scelta del gradiente 0-10 è stata fatta soprattutto per l'aspetto culturale per cui si ritiene usuale il modo di valutazione scolastico culturalmente noto a tutti i cittadini (e quindi agli intervistati). La scala presenta 11 (undici) punti di valutazione con un punto medio centrale (5) che peraltro nella logica del "voto scolastico" non si comporta come tale segnando il confine tra l'insufficienza e la sufficienza (6).

Il numero dei soggetti cui somministrare la scheda non è stato previsto all'origine in quanto processo *in itinere* e collegato al concetto di risorse visto sopra. Il risultato è stato di 48 soggetti intervistati.

La scelta dei soggetti è stata di tipo ragionato seguendo i seguenti criteri arbitrari da parte del ricercatore: 1) La cerchia-rete delle conoscenze. 2) Nessuna relazione professionale o comunque continua con i soggetti-oggetto; l'idea è di rivolgersi alle persone più comuni che non hanno conoscenza tecnica della sindrome Down. 3) Restringere il campo dell'età (25-38). 4) La nazionalità per maggiore uniformità culturale possibile (tutti italiani).

La risposta alla domanda sui comportamenti, invece, è stata restituita da interviste qualitative a quattro osservatori privilegiati, intesi questi come operatori *front line* della AIPD Roma. I soggetti sono esclusivamente operatori professionali nel senso di coloro che accompagnano all'esterno le persone con sD, e che quindi hanno esperienza di fatti della vita con la società comune. Il comportamento preso in esame, infatti, è quello della società intesa come persone comuni che incontrano il diverso in condizioni reali, cioè non di laboratorio, come appunto è la compilazione a freddo di una scheda.

In questo senso si comprende bene la differenza tra quello che qui intendiamo come atteggiamento (agire possibile) e il comportamento (agire agito, cioè reale).

4.7.1 Descrizione della scheda

La scheda è stata costruita e divisa in due sezioni di 11 voci (*item*) ciascuna. Nella prima sezione sono state definite le "affermazioni" e nella seconda sono state definite le "situazioni".

Le affermazioni danno un valore di giudizio fondato sulla conoscenza del fenomeno, quindi in questa specifica ricerca: «cosa penso di te (persona sD) secondo ciò che so (individuo comune)».

Le situazioni danno il valore «cosa farei con te per quello che so».

Mentre il primo è un atteggiamento che può determinare o non un pregiudizio individuale, così che si può produrre indirettamente una predisposizione all'agire, il secondo è un atteggiamento sociale nel senso proprio, cioè una diretta predisposizione all'agire. Questa implica (o può implicare) un comportamento che coinvolge anche altri attori sociali eventualmente non concordi con tale valutazione.

Tutte le voci sono costruzioni logico-concettuali formulate arbitrariamente dal ricercatore per dare senso alla rilevazione in funzione della sua domanda di ricerca.

L'intervistato (comune cittadino estraneo al mondo del Terzo settore e/o della medicina e/o della Sindrome Down) è tenuto quindi a dare un valore espresso con un numero da 0 a 10, secondo un gradiente di undici punti che vanno dal minimo (disapprovazione dell'affermazione →0) a un massimo (approvazione dell'affermazione →10).

A seconda della forma (negativa o positiva) in cui è posta l'affermazione il valore si ribalta, cioè si inverte la direzione del gradiente (come nella Scala di Bogardus).

Vale a dire, per esempio che «Disapprovo (valore 0) una situazione negativa» corrisponde a sostenere che «Approvo (valore 10) una situazione positiva».

Le "affermazioni" sono le seguenti.

Affermazione. Le persone con sindrome di Down (sD):	
1. Sono in grado di avere solidi legami affettivi	POS
2. Sono affette da questa malattia genetica e hanno bisogno di cure continue	NEG
3. Sono tutte uguali e hanno gli stessi bisogni	NEG
4. Sono incapaci di svolgere le azioni quotidiane (prendere i mezzi pubblici, vestirsi, lavarsi ...)	NEG
5. Non possono lavorare	NEG
6. Hanno una vita sessuale molto limitata	NEG
7. Non possono avere figli per il rischio che siano "Down" anche loro	NEG
8. Suscitano sentimenti di compassione e pena	NEG
9. Sono sempre sorridenti e affettuose	NEG
10. Non possono praticare sport	NEG
11. Possono abitare soltanto assieme ai loro familiari	NEG

Ancora per esempio, se il soggetto che compila la scheda desse il voto 10 all'affermazione n. 5 (Non possono lavorare) significherebbe che sta esprimendo il massimo della negazione e quindi dell'ignoranza della sD. È noto invece che le PsD possono praticare molti lavori, anche delicati e a contatto con il pubblico.

Allo stesso modo si presentano le "situazioni" che sono state formulate nel modo seguente.

Solo per ulteriore chiarezza, se si considerasse la situazione n. 9 (Essere serviti a tavola da un cameriere o cameriera con sD) col minimo punteggio di 0 significherebbe voler evitare tale situazione per qualsiasi motivo, qui peraltro non ricercato (disgusto, vergogna, disagio, imbarazzo e molti altri possibili).

Situazione. Si dovrebbe o potrebbe ...	
1. Dare alle persone con sD l'accesso a qualsiasi grado di una carriera amministrativa o impiegatizia	POS
2. Dare la precedenza ad una persona con sD in fila a un qualsiasi sportello (supermercato, poste ecc.)	NEG
3. Come segno di aiuto, offrire da mangiare ad una persona con sD sconosciuta	NEG
4. Aiutare una persona con sD ad attraversare la strada	NEG
5. Provare timore o repulsione vicino a una persona con sD	NEG
6. Vedere (approvare) un uomo e una donna con sD che si baciano	POS
7. Cedere a una persona con sD il posto a sedere in un mezzo di trasporto pubblico	NEG
8. In un lungo viaggio aereo, essere nel posto a fianco a una persona con sD	POS
9. Essere serviti a tavola da un cameriere o cameriera con sD	POS
10. Avere nel proprio gruppo di lavoro un collega con sD	POS
11. Sposare o far sposare il proprio figlio/figlia con persona sD	POS

Il risultato della elaborazione di queste schede è una matrice casi per variabili (righe per colonne) che riporta:

- Verticalmente (colonna) i valori di tutti i casi (intervistati) per una sola variabile (voce o *item*).
- Orizzontalmente (riga) tutti i valori (variabili) di un singolo caso.

Particolare della matrice di 13 casi su 48 (ID) per Variabili (V) sezione «Affermazioni»											
ID	V1	V2	V3	V4	V5	V6	V7	V8	V9	V10	V11	Totali riga
1	10	10	9	10	10	9	10	10	10	6	0	94
2	8	9	9	9	0	7	3	6	0	0	0	51
3	10	9	10	10	8	8	6	3	3	0	0	67
4	5	5	10	5	5	4	6	2	0	0	0	42
5	10	8	10	8	2	7	7	8	8	6	0	74
6	8	9	7	8	5	8	7	6	8	2	0	68
7	10	10	10	9	8	6	7	5	7	0	0	72
8	8	7	10	6	5	2	6	7	6	6	2	65
9	7	8	6	7	3	4	7	4	2	2	0	50
10	8	8	8	8	7	5	5	6	3	3	1	62
11	4	4	10	8	3	1	9	7	7	5	1	59
12	10	10	10	10	10	10	3	0	2	0	0	65
13	8	8	8	8	9	2	9	7	9	3	0	71
Totali Colonna	106	105	117	106	75	73	85	71	65	33	4	*840*

Innanzitutto si fa notare come da questa matrice non sia assolutamente possibile risalire al singolo soggetto, e solo il ricercatore-analista detiene quella informazione che deve proteggere.

Per rientrare poi dentro alla nostra impostazione didattica elementare, va detto che qui, nella fase di analisi, le competenze matematiche (anche semplici) aiutano enormemente l'analisi stessa.

Abbiamo sostenuto (vedi sopra) che un fondamento della ricerca con metodo quantitativo è il fatto che il ricercatore, dopo avere con molto sforzo trasformato il mondo (il fenomeno) in numeri, non può far altro che, pur con cautela, trattarli come tali. Quindi con le opportune competenze matematiche e scevro da ogni manipolazione, quei numeri diranno tutto quello che l'analista (il ricercatore nella fase di analisi) riuscirà a fargli dire.

In breve e fuori da alcune alchimie pseudo-metodologiche come da qualsiasi nome si voglia dare, è evidente che già solo guardando una matrice si comprende che le operazioni potranno essere svolte sia verticalmente (operare in colonna) con i punteggi di tutti i casi rispetto a una sola variabile, sia orizzontalmente (operare per riga) con i punteggi di un singolo soggetto su tutte le variabili messe in gioco (descritte).

Oppure si potrebbero fare elaborazioni con coppie di variabili (analisi bivariata) o anche tre (trivariata) o quattro e più (multivariata).

Altrettanto si potrebbe tornare alla tecnica di analisi durkeimiana delle variazioni concomitanti (Durkheim, 1897). Ovvero e ancora mediante la "Griglia di Scopus" per un'analisi di combinazioni di variabili in logica binaria ($0 - 1$) che possono andare, per ognuno dei casi, dal minimo di uno al massimo di ($n!$), tale per cui si produce almeno una permutazione semplice (Delli Poggi, 2019b: cap. 3).

Altresì la stessa logica dice che si può operare per settori, definibili per variabili socio-demografiche (per es. età, titolo di studio, classe reddituale ecc.) ovvero su qualsiasi altra delle variabili che si possiedono perché il ricercatore avrà avuto cura e avrà predisposto la scheda (o qualsiasi altro strumento tra le varie tecniche) perché siano rilevate durante l'intervista di qualsiasi tipo.

Insomma, se si considera che un foglio Excel consente di fatto tutte le operazioni logiche e matematiche, quando un quadro numerico è stato dipinto sulla tela della matrice dei dati entro la sua cornice, non c'è limite all'immaginifico matematico che l'analista può mettere in atto secondo la sua competenza.

4.7.2 L'analisi qualitativa

L'analisi qualitativa è resa come quelle già descritte sopra, tale per cui il ricercatore chiede di raccontare episodi che rispondano alla domanda di ricerca. Qui l'intervistato è un Osservatore/Testimone Privilegiato (OTP), nel senso che è un operatore del terzo settore in AIPD, e quindi è competente sia dell'aspetto teorico, sia dell'aspetto pratico della sD.

In questo caso di studio l'aspetto pratico è dunque dato dalle esperienze che gli OTP hanno avuto durante lo svolgimento della loro attività professionale quotidiana, accompagnando persone con sD nelle loro attività all'esterno dell'associazione. Quindi nel mondo sociale in cui l'ignoranza può condurre e conduce al pregiudizio[18].

Le narrazioni sono comportamenti che l'esperto (OTP) è pertanto in grado di rilevare e perciò di riportare al ricercatore.

Senza necessità di ulteriori commenti questi esempi chiariscono la procedura operativa di analisi.

Il testo tra virgolette rappresenta l'estratto, significativo per l'analisi, della trascrizione dell'intervista, quindi ciò che è stato dichiarato dall'OTP.

Il testo non virgolettato descrive, dal lato della colonna degli "Episodi" la trasposizione del racconto/situazione narrata, e dal lato della colonna delle "Opinioni-Commenti" le note dell'analista poste durante l'analisi del testo stesso (prima di redigere le sue conclusioni).

Con il termine "soggetto" sono indicate le persone comuni estranee e incontrate durante le attività all'aperto che hanno avuto contatto-reazione con la persona con sindrome Down (sD).

---

[18] Si ricorda che il pregiudizio è inteso in senso tecnico, quindi è un giudizio precostituito dovuto a conoscenza imprecise o errate (ignoranza in questo senso).

Episodi	Opinioni-Commenti
Pregiudizio, giudizio di valore. Il soggetto (l'esercente di un bar) agisce mosso da "Poverina, non posso non darle da mangiare. Ma poi gli altri che pensano?" Peso della società nei giudizi di valore personali. Rispondere all'accompagnatore invece che alla persona con SD. Il soggetto agisce mosso dal fatto che una persona con SD sia una persona che debba essere accudita. "Sei solo? Non puoi essere da solo ... fammi vedere se sei con qualcuno".	Luogo comune Uno dei pensieri più diffusi sulle persone con sindrome Down è che sono "carini e coccolosi, sono molto affettuosi". La società italiana è ormai abituata a vedere persone con SD per strada. Ma risulta ancora lontano il pensiero di considerarli potenziali lavoratori
Pregiudizio. Il soggetto agisce mosso da compassione e regala da mangiare ad un ragazzo sD entrato in pizzeria ma solo per chiedere informazioni. "Dentro la stazione della metro": difficoltà nel capire il parlato di una persona con SD e regalare un biglietto per la metro per compensazione. Non rispondere al ragazzo con SD che chiede informazioni. Il soggetto agisce come se la persona con SD debba essere accudita e accompagnata per mano.	La conoscenza superficiale della sD porta a una generalizzazione che non rispecchia la realtà. "Sono tanto carini, sono tanto cari, sono tanto buoni". Luogo comune Inclusione scolastica ha permesso una maggiore inclusione nella società, nonostante negli sguardi delle persone per strada a volte c'è ancora molta sorpresa.

Difficoltà a capire il verbale a una richiesta di informazioni. Il soggetto si sofferma sulla condizione della persona con SD e non considera il bisogno di quella persona in quel momento. "Per ansia o per discriminazione pensano che la persona con SD stia chiedendo l'elemosina e le danno dei soldi". Discriminazione soggettiva. Permettere alla persona con SD azioni che forse non permetteresti a una persona senza SD. "Dai anche a me 2 euro di pizza anche se ho solo 50 centesimi?" "Eh no, ma a lui si perché ... poverino". Non considerazione dell'altro in quanto persona. Non riprendere o non correggere una persona con SD negli errori commessi poiché è considerato inutile farlo in quanto non considerato in grado capire a priori. "Tanto questo Down è e Down rimane".	Paura di aggiungere dolore evitando di fargli vivere la frustrazione. "Poverino lui ha già la SD, che gli faccio vivere altro dolore?" Presenza della SD sui media. Può dare fastidio "Noi viviamo in un mondo con un sacco di problemi e il fatto che questi problemi ce li debbano sbattere pure in televisione, ma perché? Noi dovremmo vedere in televisione solo le cose belle". Cambiamento culturale possibile ma difficile poiché dipende molto dal contesto socio-culturale in cui la persona è inserita. Riferimenti a quartieri periferici o zona d'Italia con un livello socio-culturale medio-basso. Società, improntata sul valore di una persona rispetto alle sue capacità, discrimina le persone con SD. Non conformità con le richieste della società = non hai valore, non sei capace.
Eccessivo permissivismo. All'interno di un bar per chiedere informazioni, il soggetto fa sedere un ragazzo (una volta ripreso dall'operatore) senza una reale necessità. "Non ti preoccupare, loro sono cattivi, ci penso io. Vieni, vieni, ti faccio sedere io". Sull'autobus il soggetto fa sedere un ragazzo sD alto, in forze, senza evidenti difficoltà di stare in piedi su un mezzo pubblico. L'operatrice riferisce che quando lei era incinta le è capitato che non la facessero sedere.	Il pensiero comune sulla sfera affettiva e sessuale delle persone con SD è quello di asessualità, non consapevoli o non degni di riconoscimento di avere pulsioni, istinti, identità sessuale. Un modo diverso di esprimere la propria sessualità rispetto alla normalità ma comunque degno di rispetto. Suscitano sentimenti di compassione e pena e difficoltà di reggere una situazione con una persona con SD. La reazione frequente al non avere soldi per comprare qualcosa in un bar/pizzeria è il regalare l'oggetto in questione. Una sorta di compensazione.

4.8 L'analisi di materialità

Un'ultima suggestione che presentiamo per completare questo lavoro è un tipo di analisi presa in prestito dalla scienza economica e nella fattispecie dall'economia aziendale.

L'utilità di questa analisi sta nella sua applicabilità al campo della professione sociale soprattutto per l'analisi delle esigenze e dei bisogni che su base individuale (*Socius-Ego* come sistema aperto) si trasformano sempre in un insieme complesso (*Socii-Societas Ego-Alter* come sistema di sistemi aperti). Queste esigenze e bisogni sono poi spinti verso la definizione delle priorità che infine saranno negoziate tra i portatori di interesse (*stakeholder*) nell'organizzazione per stabilire i piani strategici e tattici, nonché le politiche di ogni tipo orientate al miglioramento del benessere dell'organizzazione stessa.

La materialità in senso etimologico è la "qualità di ciò che è materiale, che è formato cioè di materia fisica (…) Materialità dei beni, come requisito essenziale dei beni economici, secondo la scuola economica classica; per estensione, carattere, aspetto di ciò che si manifesta ai sensi, che è percepibile con i sensi (VIT).

L'analisi di materialità restituisce come risultato il punto limite (inferiore) oltre il quale un tema, un argomento, un'istanza avanzata all'interno dell'organizzazione diventa importante per i fini (qualsiasi) dell'organizzazione stessa così da essere considerato nelle strategie e quindi nei progetti da implementare.

Applicabile essenzialmente alle imprese, oggi è un elemento pressoché necessario nello studio dei piano strategici per individuare le priorità che ineriscono un determinata organizzazione.

Nel mondo della Responsabilità sociale d'impresa (RSI) o *Corporate Social Responsibility* (CSR) è particolarmente in uso e trova luogo nella redazione del bilancio di sostenibilità, ovvero nella Dichiarazione non finanziaria (DNF) resa obbligatoria in Italia per un determinato tipo di imprese (Decreto legislativo del 30 dicembre 2016, n. 254) in conformità e attuazione della direttiva dell'Unione europea (2014/95/UE del Parlamento europeo e del Consiglio del 22 ottobre 2014).

Una conformità che in definitiva è spinta da un movimento che possiamo definire culturale perché sta interessando il mondo capitalistico globalizzato ma anche la società nel complesso e totalità.

Con questa tecnica (di ricerca dati e analisi) si ottengono rilevazioni e risultati quali-quantitativi in un insieme di ambiti di sostenibilità sociale, ambientale ed economica che riguardano l'organizzazione (l'impresa) e i suoi più significativi portatori di interesse (*stakeholder*) quali per esempio, i fornitori, i lavoratori e collaboratori, gli ecosistemi in cui impatta l'impresa e altri ancora

La teoria degli *stakeholder* sembra avere molti padri. Uno di questi, forse il più significativo e conosciuto, è Robert Edward Freeman (1984, *Strategic Management: A Stakeholder Approach*). In realtà, trattandosi sempre di agire degli individui, molti di questi concetti trovano radici profonde nei classici della filosofia, della sociologia e dell'economia, cioè tra tanti di coloro che hanno compiuto riflessioni serie sugli individui e sul loro vivere associati[19].

Con questa analisi si ottengono risultati, ovviamente non ineccepibili ma tendenziali, che consentono di orientare l'azione dei decisori (*manager*, dirigenti e simili) perché fa emergere in qualche modo le relazioni tra gli interessi dell'organizzazione e quelli dei differenti *stakeholder* che ha vario titolo sono collegati all'organizzazione stessa.

Oltre alle rilevazioni documentali offerte dai dati meramente economici o comunque oggettivi (ma in senso quantitativo-numerico), i dati

---

[19] Vedi per esempio Adam Smith, Karl Marx, David Ricardo, William Jevons, Leon Walras, Carl Menger, Émile Durkheim, Max Weber, Vilfredo Pareto e molti altri che dal XVII secolo in poi hanno impresso l'autentica svolta al concetto di scienza economica e sociale.

utili all'analisi emergono con tecniche di ricerca sociali quali abbiamo già dato cenno: interviste di ogni tipo, gruppi di focalizzazione (*focus group*), schede di valutazione e scale di atteggiamento.

Insomma, l'intera gamma delle tecniche di ricerca con ogni specie, genere, categorie o tipologia può essere messa in atto per raccogliere i dati che interessano e occorrono.

Allo stesso modo gli strumenti saranno congruenti a ogni tecnica e anche modificati all'occorrenza secondo le capacità, le conoscenze e il buon senso del ricercatore-analista: obiettivo è la definizione di una lista di *stakeholder*, di una lista di interessi-priorità per ognuno di questi e poi la valorizzazione (dare un valore) a ognuno di questi interessi.

L'utilità per il professionista del sociale è dato dal fatto, tutt'altro che irrilevante, che questa analisi può valere per ogni tipo di organizzazione perché ogni organizzazione (associazione, scuola ecc.) è una micro-società, una cellula con individui in relazione e interazione, in azione e reazione, con ruoli, funzioni, bisogni, interessi e quindi valori. Tutto questo può essere meglio armonizzato ed equilibrato se i membri riescono a migliorare la loro posizione senza far peggiorare la posizione di un altro.

Questo, come appena detto sopra riguardo ai classici delle scienze sociali, non è altro che una applicazione del "miglioramento paretiano" con il limite teorico del "punto di pareto-efficienza" od "ottimo paretiano" (Delli Poggi, 2019a)[20]. È un principio questo che ha trovato le sue critiche (Sen, 1970)[21] ma che ancora può essere utilizzato con successo almeno in termini logici per una prima fase di avvicinamento al miglioramento di quel benessere (fisico e psichico) che difficilmente può essere considerato già raggiunto in una qualsiasi società.

---

[20] Il riferimento è a Vilfredo Damaso Pareto (1848-1923).
[21] *The Impossibility of a Paretian liberal*.

4.8.1 Fondamenti dell'analisi di materialità

Osserviamo un modo di produrre questa analisi staccandoci definitivamente da ogni sua applicazione nella RSI delle imprese che la sviluppano secondo i loro fini e criteri, in particolare rispetto alla standardizzazione del GRI (*Global Reporting Initiative*).

In questa analisi, infatti, oltre alla varietà dei procedimenti che ognuno adotta, ci sono anche situazioni a rischio, come per esempio l'autoreferenzialità del risultato. Questo rischio si presenta laddove l'organizzazione non coinvolga effettivamente tutti i soggetti interessati per la definizione delle priorità degli obiettivi, oppure nemmeno verifichi la validità dei risultati raggiunti in rapporto agli obiettivi stessi (valutazione dei risultati raggiunti, dell'impatto o del rapporto tra benessere erogato e percepito).

Questo rientra tuttavia nel più ampio rischio di veridicità verso il quale un professionista è sempre legalmente e deontologicamente tenuto a controllare.

Pertanto, un professionista che adotti un'analisi di questo tipo nell'organizzazione cui appartiene sa che tutti gli *stakeholder* devono essere ascoltati e vagliati, e che gli obietti devono essere verificati con i risultati raggiunti alla fine del ciclo di attività (progetti) che l'organizzazione mettesse in atto a seguito dell'analisi.

Punti focali sono:
- Identificazione degli *stakeholder* interni (per esempio i dipendi di una scuola) e quelli esterni (per esempio le famiglie, le unità commerciali limitrofe e l'ecosistema sociale in genere).
- Identificazione dei temi oggetto di analisi e di valutazione.
- Definizione di una metodologia (metodo qualitativo e/o quantitativo, cioè misto, con tecniche e strumenti per la raccolta delle opinioni e delle valutazioni sui temi identificati).

- Costruzione di una scala di valutazione (di solito in 100-esimi per meglio consentire la distribuzione in scala dei valori).
- Raccolta dei dati (interviste di vario tipo, *focus group*, inchieste ecc., ma anche dati economici e della struttura dell'organizzazione, secondo la metodologia scelta).
- Trasformazione dei dati in punteggi da segnare su due assi cartesiani che segnino il valore di ogni tema rispettivamente per l'organizzazione o "punto di vista interno", per esempio sull'asse y, e per lo/gli *stakeholder* o "punto di vista esterno" (asse x).
- Realizzazione del grafico, verifica del posizionamento e discussione sul piano di attività per raggiungere il meglio dei risultati, cioè la migliore soddisfazione possibile.

Questo tipo di analisi rientra più in generale in tutte quelle (analisi costi-benefici, analisi rischi-opportunità, analisi dei punti di forza e di debolezza ecc.) che sovrintendono le organizzazioni per identificare al meglio (se nella volontà del *manager*) gli obiettivi cui puntare.

Altrettanto in generale possono dare sostegno alla gestione da parte del *manager* (e simili), alla motivazione delle persone, allo sviluppo del coinvolgimento e della partecipazione attiva dei membri, all'aumento della reputazione dell'organizzazione all'esterno e all'interno, e conseguentemente all'aumento della fiducia che l'intera organizzazione può godere nel suo campo sociale di interazione.

Il grafico cartesiano è quindi poi di facile costruzione sulla base delle due coordinate ormai raggiunte e valorizzate per ognuno degli interessi.

Il grafico-tipo si presenta nel modo seguente.

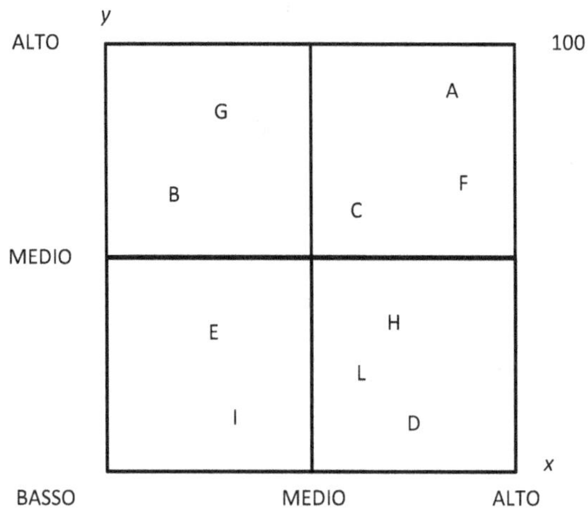

Il fatto che un tema non si posizioni sul quadrante alto-alto, per entrambi (interno ed esterno) verso il valore 100, non significa che sia irrilevante. Certamente in quel quadrante si focalizzeranno i punti di più facile condivisione tra gli attori sociali (p.es. qui i temi A, C, F), ma un tema che può sembrare inferiore o che ha raccolto un minor punteggio (p.es. B rilevante per y) può altrettanto facilmente essere portato all'attenzione e quindi posto tra gli obiettivi di un progetto.

Altresì questo tipo di analisi (come alcune di quelle viste sopra) può essere realizzata in forma semplice ma con le stesse logiche anche dal singolo professionista del sociale, così che i risultati possono essere applicati a piccoli raggruppamenti (come una classe di studenti o un gruppo di associati) per conoscere meglio gli interessi dei componenti e progettare interventi diversamente mirati.

Bibliografia

Amaturo, E., Punziano, G. (2016), *I Mixed Methods nella ricerca sociale*, Carocci, Roma.

Ambrosini, M., Sciolla, L. (2015), *Sociologia*, Mondadori, Milano.

Amoroso, C. (2018), *Cultura della diversità. Atteggiamenti e comportamenti nei confronti delle persone con disabilità intellettiva* (AA. 2017-2018, Università «Roma TRE», Dipartimento di Scienze della Formazione).

Arielli, E. (2003), *Pensiero e progettazione*, Bruno Mondadori, Milano.

Arouet, F.M. (1764), *Dictionnaire Philosophique*, Marc-Michel Rey, Amsterdam, Libraire Chirol, Genève, Œuvres complètes de Voltaire, Tome 17, Auguste et Hippolyte Garnier, Paris, 1878.

Attili, M.G. (2000), *Introduzione alla psicologia sociale*, SEAM, Roma.

Ballarino, G. (2005), *Teoria dell'azione e sistematica sociologica*, in «Quaderni di sociologia», XLIX, n. 2/2005.

Bartolomei, A., Passera A.L. (2005), *L'assistente sociale. Manuale di servizio sociale professionale*, CIERRE, Roma.

Becker, H.S. (1973), *Outsiders: Studies in the Sociology of Deviance*, New York Press, N.Y.; ita. *Outsiders. Studi di sociologia della devianza*, Meltemi, Milano, 2017.

Boudon, R. (1979), *La logica del sociale*, Mondadori, Milano, 1980.

Cannavò, L. (2003), *Oltre Thurstone e Likert. La valutazione di atteggiamenti e motivazioni con la tecnica TLL*, Euroma La Goliardica, Roma.

Cannavò, L., Frudà, L. (2007), *Ricerca sociale. Dal progetto dell'indagine alla costruzione degli indici*, Carocci, Roma.

Campelli, E. (1993). *Il metodo e il suo contrario. Sul recupero della problematica del metodo in sociologia*, FrancoAngeli, Milano.

Campelli, E. (1996). *Metodi qualitativi e teoria sociale*, in Cipolla, C., De Lillo, A. (a c. di) *Il sociologo e le sirene. La sfida dei metodi qualitativi*, FrancoAngeli, Milano.

Campelli, E. (1999, 2009), *Da un luogo comune. Introduzione alla metodologia delle scienze sociali*, Carocci, Roma.

Campelli, E., Fasanella, A., Lombardo, C. (1999), a cura di, *P.F. Lazarsfeld. Un classico marginale*, in «Sociologia e ricerca sociale» numero monografico, n.58-59, FrancoAngeli, Milano.

Cannavò, L., Frudà, L. (2007), Ricerca sociale. Dal progetto dell'indagine alla costruzione degli indici, Carocci, Roma.

Cardano, M. (2003, 2007), *Tecniche di ricerca qualitativa. Percorsi di ricerca nelle scienze sociali*, Carocci, Roma.

Cardano, M. (2008), *Il male mentale*, in L. Bonica e M. Cardano (a cura di), *Punti di svolta. Analisi del mutamento biografico*, Il Mulino, Bologna.

Cardano, M. (2011), *La ricerca qualitativa,* Il Mulino, Bologna.

Cardano M., Ortalda F. (2016), *Metodologia della ricerca psicosociale. Metodi qualitativi, quantitativi e misti,* De Agostini Scuola, Novara.

Cardano, M., Venturini, G. L., Manocchi M. (2011), *Ricerche. Un'introduzione alla metodologia delle scienze sociali*, Carocci, Roma.

Casadei, M.G. (2008), a cura di, *Scommesse dal carcere. La sfida dei percorsi educativi. Spunti di riflessione*, Aracne, Roma.

Cavallaro, R. (1981), *Storie senza storia. Indagine sulla emigrazione calabrese in Gran Bretagna*, CSER, Roma, ed. 1999.

Cicerone, *De inventione (Rhetorici libri)* I, 24.

Cipolla, C., Cipriani, R., a cura di, (2002), *Pellegrini del Giubileo*, FrancoAngeli, Milano.

Cipriani, R. (2000), *Per una metodologia della ricerca qualitativa*, in A. Alberici (a cura di), *Educazione in età adulta*, Armando Editore, Roma.

Cipriani, R. (2003), *Giubilanti 2000. Percorsi di vita*, FrancoAngeli, Roma.

Cipriani, R. (2006), *L'approccio qualitativo. Dai dati alla teoria nell'analisi sociologica,* Guerini e Associati, Milano.

Cipriani, R. (2015), *Il ritorno della sociologia in Italia. Intervista a Franco Ferrarotti*, in «La critica sociologia», XLIX, 2/2015, Serra, Pisa-Roma.

Cipriani, R. (2020), *L'incerta fede*, FrancoAngeli, Milano.

Cipriani, R., Losito G. (2008), *Dai dati alla teoria sociale. Analisi di un evento connettivo*, Anicia, Roma.

Colella, F. (2011), *Focus group. Ricerca sociale e strategie applicative*, FrancoAngeli, Milano.

Corrao, S. (2000). *Il focus group*. FrancoAngeli. Milano.

Corrao, S. (2005), *L'intervista nella ricerca sociale*, in «Quaderni di Sociologia», n. 38/2005.

Della Porta, D., Keating, M. (2008), *Approaches and Methodologies in the Social Sciences. A Pluralist Perspective*, Cambridge University Press, Cambridge.

Delli Poggi, B. (2015), *Il Leader. Teorie e modelli per la guida dei gruppi di lavoro. Una proposta per il Terzo settore e il lavoro privato*, EAI, OmniScriptum GmbH & Co., Saarbrücken.

Delli Poggi, S. (2013), *Teoria dei Valori. Prima congettura e dinamiche dominanti dell'agire e dell'agire sociale*, EAI, Saarbrücken.

Delli Poggi, S. (2019a), *Nuove lezioni di sociologia elementare. Manuale fondamentale per Assistenti sociali, Educatori, Insegnanti e Professionisti del sociale*, Autori Associati, Roma.

Delli Poggi, S. (2019b), *Italiani: scomunicati o liberi pensatori. Eresia, Eresia, Apostasia, Scisma o libertà di credere. Profili di cattolici in Italia*, Autori Associati, Roma.

Delli Poggi, S. (2020), *Culture, Comunicazione e Diversità. Lezioni di sociologia dei processi culturali, la comunicazione, i fenomeni migratori e le società multiculturali*, Autori Associati, Roma.

Dewey, J. (1939), *Logic, the Theory of Inquiry*, it. *Logica, teoria dell'indagine* trad. Aldo Visalberghi, Einaudi, Torino, 1949.

Durkheim, É. (1895), *Les Règles de la méthode sociologique*, ita. *Le regole del metodo sociologico*, trad. Michele Prospero, introduzione di Umberto Cerroni, Editori Riuniti, Roma, 1996.

Durkheim, É. (1897), *Le Suicide*, ita. *Il Suicidio*, UTET, Torino, 1977.

Enciclopedia Medica Italiana «Treccani».

Faggiano, M.P. (2016), *L'analisi del contenuto di oggi e di ieri. Testi e contesti on e offline*, FrancoAngeli, Milano.

Ferrarotti, F., Uccelli, S.E., Giorgi Rossi, G. (1959), *La piccola città. Dati per l'analisi sociologica di una comunità meridionale*, Edizioni di Comunità, Milano.

Ferrarotti, F. (1968), *Trattato di sociologia*, UTET, Torino, ed. 1991.

Ferrarotti, F. (1986), *Manuale di sociologia*, Laterza, Roma-Bari, ed. 2001.

Ferrarotti, F. (1999), *Partire, Tornare. Viaggiatori e pellegrini alla fine del millennio*, Donzelli, Roma.

Foote, Whyte W. (1943), *Street Corner Society. The social structure of an Italian slum*, University of Chicago Press, V, Ill.

Foote, Whyte W. (1994), *Participant observer. An Autobiography*, ILP Press, Cornell University, Ithaca, New York.

Freeman, E. (1984), *Strategic Management: A Stakeholder Approach*, Pitman, Boston, Ma.

Gianturco, G. (2005), *L'intervista qualitativa, Dal discorso al testo scritto*, Guerini e Associati, Milano.

Gini, G. (2012), *Psicologia dello sviluppo sociale*, Laterza, Roma-Bari.

Goffman, E. (1959), *The Presentation of Self in Everyday Life*; ita. *La vita quotidiana come rappresentazione*, Il Mulino, Bologna, 1969.

Goffman, E. (1963), *Stigma*; ita. *Stigma. Identità negata*, Ombre corte, Verona, 2003.

Grassi, C. (2002), *Sociologia della comunicazione*, Paravia Bruno Mondadori, Milano.

Kriz, J. (1988), *Facts and Artefacts: Facts and Artefacts in Social Science: An Epistemological and Methodological Analysis of Empirical Social Science Research Techniques*, McGraw-Hill, New York, NY.

ISTAT (2016), Relazione anno 2015, del 14 novembre 2016.

Johnson, R.B., Onwuegbuzie, A.J., Turner, L.A. (2007), *Toward a Definition of Mixed Methods Research*, in «Journal of Mixed Methods Research», 1, 112, SAGE Publications.

Lemert, E.M. (1951), *Social Pathology: a systematic approach to the theory of sociopathic behavior*, McGraw-Hill, New York.

Lemert, E.M. (1981), *Human Deviance, Social Problems, and Social Control*, Prentice-Hall, 1967; ita. *Devianza, problemi sociali e forme di controllo*, trad. C.M. Nazor, C. Soggia, Giuffrè, Milano.

Losito, G. (1996), *L'analisi del contenuto nella ricerca sociale*, FrancoAngeli, Milano.

Losito, G., Piccini, M.P. (2006), *L'analisi della dinamica discorsiva per la ricerca qualitativa*, in Cipriani R., a cura di, *L'approccio qualitativo. Dai dati alla teoria nell'analisi sociologica*, Guerini e Associati, Milano.

Madge, J. (1966), *The Origins of Scientific Sociology*, 1962; ita. *Lo sviluppo dei metodi di ricerca empirica in sociologia*, trad. Alberto Evangelisti, introduzione Alberto Izzo, Il Mulino, Bologna.

Marradi, A. (1985), "Strumenti concettuali per la raccolta e l'analisi dei dati", *Rassegna italiana di sociologia*, XXVI.

Marradi, A. (1987), *Linguaggio scientifico o torre di Babele?* in «Rivista Italiana di Scienza Politica», vol. XVII, 1, aprile 1987.

Marradi, A. (1994), "Referenti, pensiero e linguaggio: una questione rilevante per gli indicatori", *Sociologia e ricerca sociale*, n. 43:137-207.

Marradi, A. (2005), *Raccontar storie. Un nuovo metodo per indagare sui valori*, Carocci, Roma.

Marradi, A. (2007), *Metodologia delle scienze sociali*, Il Mulino, Bologna.

Marradi, A. (2010), *Misurazione, esperimenti, leggi: il sillogismo scientista.* "Quaderni di Sociologia", Anno LIV, 3: 101-139.

Mauceri, S. (2017), *L'avvento dell'era dei mixed methods. Nuovo paradigma o deadline di un dibattito?* in «Sociologia e Ricerca sociale», 113: 39-61, FrancoAngeli, Milano.

Moreno, J.L. (1934), *Who shall survive? A new Approach to the Problem of Human Interrelations*, Beacon Press, Boston, Ma; it. *Principi di sociometria, di psicoterapia di gruppo e sociodramma*, Etas Kompass, Milano. 1964.

Nobile, S. (2008), *La chiusura del cerchio. La costruzione degli indici nella ricerca sociale*, Bonanno, Gruppo Editoriale, Acireale-Roma.

Pareto, V. (1916a), *Trattato di sociologia generale*, dalla edizione originale di G. Barbera Editore, Firenze; 2ª edizione 1923; a cura di N. Bobbio, P. Farneti, F. Frassoldati, vol. I, Edizioni di Comunità, Milano, 1964.

Pareto, V. (1916b), *Trattato di sociologia generale*, Edizione critica a cura di Giovanni Busino, volume primo, *Le azioni non-logiche*, UTET, Torino, 1988.

Peirce, C.S. (1931-1958), *Collected Papers*, Cambridge, Massachusetts, The Belknap Press of Harvard University Press.

Piccini, M.P. (2008), *Discan, Spad.T e l'analisi qualitativa*, in Cipriani R. e Losito G., a cura di, *Dai dati alla teoria sociale. Analisi di un evento collettivo*, Anicia, Roma.

Poincaré, J.H. (1989), *La science et l'hypothèse*; ita. *La scienza e l'ipotesi*, trad. Maria Grazia Porcelli, Dedalo, Bari.

Popper, K. R. (1972), *Conjectures and Refutations*, London, 1963/69; ita. *Congetture e Confutazioni*, Il Mulino, Bologna.

Reichenbach, H. (1938), *Experience and prediction: an analysis of the foundations and the structure of knowledge*, Chicago Press.

Russell, B. (1903), *Recent work on the principles of mathematics* (succ. tit. *Mathematics and the metaphysicians*, in *Mysticism and logic* (prec. tit. *Philosophical Essays*); ita. *La Matematica e i Metafisici*, in *Misticismo e Logica*, Longanesi & C., Milano, 1993.

Sen, A. (1970), *The Impossibility of a Paretian liberal*, in «The Journal of Political Economic», Vol. 78, No. 1. (Jan. – Feb.), pp. 152-157, The University of Chicago Press, Chicago, ILL., USA.

Statera, G. (1997a), *La ricerca sociale. Logica, strategie, tecniche*, SEAM, Roma, ed. 1998.

Statera, G. (1997b), *Logica dell'indagine scientifico-sociale*, FrancoAngeli, Milano.

Tommaso d'Aquino (1265-1274), *Summa Theologica*, Salani, 1959, successiva edizione Studio Domenicano, Bologna, 1984, vol. 8, successiva edizione 1996, vol. 2.

Weber, M. (1904), *Die "Objektivität" sozialwissenschaftlicher und sozialpolitischer Erkenntnis*; ita. *L'«oggettività» conoscitiva della scienza sociale e della politica sociale. Il metodo delle scienze storico-sociali*, Einaudi, Torino, 1997.

Weber M. (2001), *Saggi sul metodo delle scienze storico-sociali*, P. Rossi (a cura di), Edizioni di Comunità, Torino.